C000069750

Marta D. Riezu vive en Barcelona y es periodista. Ha escrito artículos en *El País, El Mundo, La Vanguardia, Telva, Apartamento, Vogue, Elle, Purple* o *Vanity Fair.* En Anagrama ha publicado *Agua y jabón* y *La moda justa.*

La moda justa
Una invitación a vestir con ética

El título *La moda justa* responde a una doble acepción. La primera se refiere a tener en el armario la cantidad precisa de ropa. La segunda habla de elegir lo íntegro, lo producido en un contexto donde nadie salga perdiendo. Como una prenda es algo inanimado, debemos ser nosotros quienes le imprimamos esa conciencia mediante el compromiso de conocer mejor qué hay detrás de esa ropa, porque esa elección tiene consecuencias. Nuestro atuendo es una herramienta de comunicación. Explica a los demás qué somos, y a nosotros mismos quién queremos ser. Estas páginas proponen bifurcaciones en el camino atolondrado del consumo. El objetivo: entender el sistema por dentro, comprar mucho menos, elegir mejor.

La moda justa

Marta D. Riezu
La moda justa

Una invitación
a vestir con ética

editorial anagrama

Primera edición: noviembre 2021
Segunda edición: diciembre 2021
Tercera edición: agosto 2022

Diseño de la colección: lookatcia.com

© Marta D. Riezu, 2021

© EDITORIAL ANAGRAMA, S. A., 2021
  Pau Claris, 172
  08037 Barcelona

ISBN: 978-84-339-1657-0
Depósito Legal: B. 16730-2021

Printed in Spain

Liberdúplex, S. L. U., ctra. BV 2249, km 7,4 - Polígono Torrentfondo
08791 Sant Llorenç d'Hortons

Introducción

En la cubierta de este cuaderno aparece la palabra *moda*. Ese concepto ahuyenta a muchos, apasiona a algunos y causa absoluta indiferencia en todos los demás. Se asocia a frivolidad y antojo, a una industria insaciable que atiborra las tiendas de caprichos. Pero si cambia el enunciado y se habla de *ropa* pasa a ser una cuestión que nos atañe a todos. Cada mañana elegimos un atuendo, y esas prendas no llegaron solas a casa. Pasaron el filtro de una selección meditada.

Estábamos acostumbrados a comprar sin preguntar. Elegíamos algo por ser útil, bonito, porque nos solucionaba un problema o nos atribuía un estatus. El cómo se hubiera producido era irrelevante. Hoy nos fijamos más, pero se nos sigue explicando poco. La elaboración de, pongamos, una sencilla camiseta sigue siendo una nebulosa. De dónde salió la materia prima. Quién hizo el desmotado, el hilado, el tejido y el tintado del algodón. Quién se encargó del diseño, de la distribución. Y finalmente: dónde acaba esa prenda cuando nos deshacemos de ella. Todo esto es un misterio cuyos detalles nos aburre saber. Ni siquiera sospechamos cuando algo que implica tantísimo trabajo se cobra a cinco euros. No imaginamos que hay una proporción inversa entre el precio, que paga el comprador, y el coste humano y medioambiental, que pagamos todos. La industria textil es un modelo basado en la explotación de la pobreza.

Una palabra me pone en guardia: activista. Cuando diviso a uno en el horizonte agarro fuerte el bolso y me preparo para la reprimenda. La mayoría están siempre enfadadísimos, desde luego con motivo, y ese gruñir aleja a muchos de su causa. Estas páginas no son un panfleto airado, sino una invitación a considerar nuestras opciones. No se habla tanto de culpa como de responsabilidad, no se aturde con más cifras de las imprescindibles, no se exigen imposibles –quememos la tarjeta de crédito, afeitémonos la cabeza, comamos hierbas del borde de la carretera.

Estamos conectados por sistemas de comunicación. En una sociedad tan visual como la nuestra, la moda es un lenguaje especialmente relevante. Con la ropa nos integramos y nos diferenciamos. Vestirse está ligado a ritos, sensibilidades, roles y aspiraciones. Puede alentarnos y fortalecernos. En el aspecto casi nada es racional, todo es emocional.

Moda sostenible puede sonar a oxímoron, pero, si me permiten la expresión naíf, hay una moda buena que ayuda a explicar quiénes somos sin dañar a nadie por el camino.

Primera parte
Los problemas

Lo hice mal durante quince años. Empecé a elegir mi propia ropa –con el dinero de mis padres, que duele menos– en la adolescencia. Armarios a rebosar. A punto de cumplir los treinta seguía vistiendo de pena. Mariposeaba por las tiendas, elegía al tuntún y luego no me ponía lo que había escogido. Aprender a comprar parece sencillo. No lo es.

Entonces llegó el cambio. Para que ocurriera tuvieron que coincidir varios factores. El principal fue una odiosa mudanza en la que apareció ropa suficiente para vestir a tres ejércitos. Luego empecé a aturullarme al entrar en ciertas tiendas. He aquí un primer indicio de mi senilidad, pensé. La música atronadora, ese intenso olor corporativo, los tumultos, las montoneras de prendas. El vértigo de tanto por elegir.

Volví a la ropa a medida. Tenía modistas de emergencia en la agenda y me había hecho vestidos en mi canija juventud mod, pero perdí la costumbre cuando mi sastre se jubiló. La recuperé.

Hubo otro desencadenante. Mi trabajo como periodista me permitió conocer de cerca la industria de la moda. Empecé a publicar artículos con diecinueve años, y algo parecido a una conciencia ecologista fue tomando forma. El día a día me acercó a diseñadores con talento que habían esquivado las fauces del sistema y a marcas gestionadas con una sordera congénita a la presión exterior. Unos y otros me demostraron que escoger un camino diferente es difícil pero no imposible. Aprendí, además, de un jefe con un ojo infalible para distinguir una prenda con enjundia de un sucedáneo.

Uno no acomete cambios reales hasta que aflora la prima borde de la voluntad: la indignación. Calculé a ojo la fortuna que había lanzado a las fosas abisales en mi veintena, cuando me fundí con Zara en una unidad de destino. Estaba eligiendo mal. Se pueden tener buenos propósitos, pero lo realmente infalible es llegar a ese punto de no retorno, a ese hartazgo.

Concluí que no me hacía falta *nada* más. Reunía en el armario ropa para varias vidas. Podía deshacerme de todo y empezar de cero, pero el gesto más cuerdo era disfrutar lo que ya estaba allí. Nuestros abuelos, como siempre, llevaban razón: mejor tener poco y bueno.

Antes de empezar

La industria de la moda es un archipiélago infinito donde las islas no se comunican entre sí. Los que producen la ropa hablan una jerga distinta de los que la venden; los que la publicitan viven muy lejos de quienes la bordan. Igual ocurre con su consumo. Los esnobs austeros miran con ternura o desprecio, según el día, a los *fashion victims*. Los adictos a las compras recelan de la regañina de los coleccionistas de segunda mano. Quienes eligen marcas de *cognoscenti* no quieren saber nada de los presumidos *mainstream*.

Imposible saber si quien lee esto viste de Wales Bonner o arrasa cada viernes en Bershka o lleva las mismas camisas de cuadros desde hace veinte años. Por eso será útil compartir algunas impresiones ahora, antes de comenzar.

– Los consumidores confiamos en que las marcas se ocupen de hacer las cosas bien. Leemos aquí y allá palabras (ecológico, orgánico, reciclado) que nos tranquilizan. Olvidamos esa herramienta diabólica de marketing llamada *greenwashing:* una empresa anuncia su compromiso medioambiental pero no lleva a cabo ningún gran cambio significativo, solo busca blanquear su imagen.

– Cuando alguien afirma que no le importa la moda, no se está haciendo el interesante. Le da igual *de verdad* lo que se lleve o se deje de llevar. Pero probablemente sí se fije en la comodidad, el abrigo, la funcionalidad. Lo único que desea esa persona es no perder mucho tiempo cada mañana e ir vestido con ropa bonita, normal; ropa con la que no se sienta imbécil. Su desinterés por las tendencias me parece sano. De hecho, lo comparto. Pero vestirse con lo primero que uno pilla, por desgracia, también tiene consecuencias para el planeta.

– En el otro extremo están los fascinados por la moda. Personas que adoran ir de compras, acumular, hacer de estilista de guardia para sus amigos, seguir marcas en Instagram. O sea, les gusta el resultado final –una prenda en una percha– pero ignoran con inconsciencia saltarina todo lo relativo al proceso.

– Lo admito: informarse no es lo más divertido del mundo. Cuando el asunto es muy complejo (este lo es), uno tiene la tentación de desconectar. Compramos con buena voluntad siguiendo nuestra intuición, pero en cuanto la cosa se enmaraña sabemos que es casi imposible llegar al meollo. Con todo, vale la pena intentarlo. Estar documentados nos protege.

– La tónica general en la moda es como un capítulo de *House:* todos mienten. El embuste puede ir de la mentirijilla al cinismo granítico. Mienten las etiquetas, las notas de prensa, los equipos de relaciones públicas, los informes anuales, la publicidad, las fotos retocadas.

– Somos adultos, y a nadie le gusta que le riñan con el índice acusador. Compran ustedes mal, *fast fashion* caca, eso no se hace. Los argumentos de la pena y la reprimenda no sirven de nada. Todo el mundo huye de los ecoapóstoles. Prefiero una militancia culta y esteta que proponga alternativas a través de la belleza, la honestidad, la ejemplaridad. Menos *hippismos* y más refinamiento.

Muchos animales se adornan; el *sapiens* es el único que se viste. La ropa ejerce un papel crucial en nuestra vida. Explica desde quiénes somos como individuos hasta quiénes somos como civilización. Es una manifestación cultural de primer orden que lo abarca todo: las protestas políticas, el arte, los avances tecnológicos. Como en toda declaración expresiva en la que se mezcla el dinero, en ella cabe lo mejor y lo peor del ser humano.

Este no es tanto un cuaderno de investigación como de reflexión, de ahí que haya preferido simplificar al máximo y proponer acciones concretas. La concisión obliga a resumir temas muy complejos que requerirían matices. La idea es entreabrir la puerta de la duda para que cada uno ahonde en lo que más le dé que pensar.

Si cada vez hay más información acerca de todo lo que implica la industria de la moda, ¿por qué se sigue comprando a lo loco? ¿Se explican los detalles de un modo demasiado complejo? Es un reto criticar un negocio que se presenta disfrazado del envoltorio más sugestivo: prosperidad, diversión, recompensa.

Una cosa es segura, y esto vale igual para las empresas que para los consumidores: es mejor un solo cambio tangible, concreto y constante que intentar hacerlo *todo* bien.

Lo barato como derecho

La alimentación lleva a la moda nada menos que tres décadas de ventaja respecto a la regulación de lo ecológico. El movimiento *slow food* nació en 1986 como respuesta a la agricultura extensiva y los estándares del gusto.

En ninguna de las dos industrias –la de la moda y la de la nutrición– hay elecciones inocentes. Ambos negocios toman materia prima de la Tierra y dependen de su buen estado para seguir obteniendo ingredientes de calidad. Cuando cedimos el control de los alimentos a las grandes empresas, aparecieron intolerancias y alergias, así que intentamos recuperar esa potestad. Vestir no es un acto políticamente irrelevante, sino una práctica cotidiana asociada a realidades globales. ¿Por qué al ciudadano le cuesta más el cambio en la moda? Quizá porque los alimentos orgánicos repercuten directamente en *nuestro* bienestar, mientras que la moda justa ofrece un beneficio directo menor para la propia salud, más allá (no es poco) de saber que uno está haciendo lo éticamente correcto, y del placer que proporciona una prenda bien hecha. El impacto positivo recae en trabajadores, ecosistemas y animales que no vemos ni conocemos, y que están a miles de kilómetros de distancia.

La sobreproducción en la moda es un fenómeno que apenas tiene cincuenta años. El modelo tradicional de manufactura era bajo demanda, sin *stocks,* algo que hoy se recupera y que revaloriza el oficio, la espera y la exclusividad. De la costura se pasó, a principios del siglo XX, a la producción en serie. El *prêt-à-porter* contribuyó, por cierto, a la obsesión por la talla y las dietas, al obviar las medidas específicas de cada uno y establecer unas convenciones aleatorias.

A finales de los años ochenta apareció la *fast fashion,* concebida con un solo objetivo: ofrecer una oferta abundante, incesante y barata. ¿Cómo? Mediante un sistema de producción de respuesta rápida, inventarios dinámicos y decisiones modificadas en tiempo real. Los precios pueden mantenerse bajos estrujando a los proveedores, produciendo en países en desarrollo con condiciones laborales pésimas y plagiando con descaro ideas de otros diseñadores.

La llegada de la moda rápida fue recibida con entusiasmo por todas las edades y los estratos sociales, por aquellos que alguna vez sintieron que habían quedado excluidos de las tendencias por razones geográficas o económicas. ¡Lo chic por fin al alcance de cualquier bolsillo! ¡Merecemos estrenar un vestido cada semana! La *fast fashion* democratizó el estilo, argumentan algunos. Pero lo único que consiguió es devaluar nuestra percepción de la ropa, presentándola como desechable. Es una idea perversa que lleva a una relación disfuncional con nuestro armario: algo debe ser abandonado no porque no sea útil sino porque ya no es tendencia, porque no tiene un valor social.

Con el cambio de siglo, en paralelo a esos imperios de la eficiencia aparecieron otras empresas aún más aceleradas y corrosivas. Una moda ultrarrápida nacida al calor del *big data* y las redes sociales que en la actualidad es capaz de incorporar a sus tiendas *online* (no tienen tiendas físicas: no las necesitan) unas quinientas prendas diarias. La CEO de Shein, Molly Miao, presumió de llegar a los mil nuevos modelos diarios. Incluso en artículos de pocos euros dejan pagar en cuatro plazos. Lo que sea con tal de que compremos. Su voracidad hace que la vieja guardia de la *fast fashion* parezca un hatajo de tortugas reumáticas. Ese *modus operandi* recuerda a aquello de Karl Kraus sobre el capitalismo: no es *tú y yo,* es *tú o yo.*

Acostumbrados a precios bajísimos desde hace años, muchos compradores han galvanizado la creencia de que todo lo que quede por encima de cierta horquilla está inflado. O peor: si pagamos algo más que una miseria es que nos están timando. Lo barato ya no es una opción, es un derecho. ¡Ay!

La moda rápida se ha ganado merecidamente su fama gangrenosa. Es la responsable del desprestigio del sector a ojos del mundo, de que se perciba esta disciplina como superficial y contaminante. Pero las prendas caras tampoco están siempre libres de culpa. Las prácticas de las marcas de *prêt-à-porter* y de lujo pueden ser igual de reprobables. Es el sistema entero el que falla.

En la segunda mitad del siglo XX, comprar se institucionalizó como acto simbólico. El sociólogo Gilles Lipovetsky habla de mercados de sensibilidades. No es una economía de productos, sino de sensaciones y emociones. Compramos para una futura vida imaginada, para una falsa sensación de seguridad, para dar envidia, para parecernos a alguien, como sustitución. Somos animales deseantes. La sociedad de consumo aborrece la repetición. La publicidad nos dice que nuestra felicidad depende de lo siguiente que adquiramos. No poder acceder a algo nos frustra. La idea de privación es humillante.

El consumo como pasatiempo es muy triste; como terapia es ineficaz y peligroso. La compra compulsiva u oniomanía es un trastorno asociado a cuadros de ansiedad y depresión. Como en el resto de las adicciones se siente urgencia, luego euforia, luego vacío.

La búsqueda de una moda justa invita a una nueva perspectiva. Seleccionar en lugar de acumular, desacelerar en vez de incrementar, ignorar la presión que lleva a una desafección donde nada sacia ni alegra. Más que vivirlo como una renuncia, podemos verlo como una liberación. Sentirse satisfecho con la propia vida no es bueno para el negocio.

Los fanáticos del desapego dicen: seamos despiadados y tirémoslo todo. Yo prefiero: seamos despiadados con lo que estemos sopesando comprar. Adquirir algo nos hace cómplices involuntarios de su proceso de creación. La globalización ha beneficiado sobre todo a empresas que se instalaron en países libres de restricciones medioambientales y sindicatos molestos. Se barren bajo la alfombra realidades de esclavismo, racismo y expolio. Es más fácil ocultarlas cuando se trata de minorías sin voz.

Para que no gane la ley del mínimo esfuerzo –me apetece, me lo llevo–, uno tiene que poner de su parte. El reto es un cambio de percepción: de vivir la compra como un momento inocuo de escapismo a verla como un momento de compromiso.

Los números hablan

Ante todo, una inexactitud repetida mil veces: la de que la industria de la moda es la segunda más contaminante del mundo. No lo es. En 2018 tuvo que intervenir su majestad *The New York Times* para matizar una afirmación que había rebotado como un *pinball,* sin que nadie tuviera los datos para demostrarla. Con todo, no importa mucho que sea la segunda o la cuarta. Ese tipo de titular extremo, aunque incorrecto, funciona como sacudida urgente. Hay una moda que nace de procedimientos indefendibles y que está moralmente obligada a cambiar sus sistemas de producción. Estas son algunas cifras que dan una idea del panorama:

– La industria de la moda provoca el 10 % de las emisiones mundiales de carbono. Es la segunda manufactura (aquí sí) que más agua consume y la responsable del 20 % de la polución de los océanos.

– En el planeta hay 75 millones de trabajadores que se dedican a confeccionar ropa. Menos del 2 % de ellos gana un salario suficiente para vivir.[1] Dicho de otro modo: el 98 % de ellos se encuentra desprotegido, en un estado de pobreza sistémica. De ese 98 % desamparado, la gran mayoría son mujeres: el 75 %. Las jóvenes europeas se proclaman comprometidas con la sororidad mientras visten camisetas con lemas como THE FUTURE IS FEMALE confeccionadas por chicas de Bangladesh que cobran 30 céntimos la hora.

– Un dato que me obsesiona: solo usamos el 20 % de nuestro armario. El resto de las prendas duerme el sueño de los justos. Creí que la observación era exagerada hasta que me dirigí a mi vestidor. No imaginen algo a lo Kar-

1. Andrew Morgan, *The True Cost* (2015).

dashian: es un cuarto sobrante interior donde guardo figuras chinas horrorosas heredadas y mi colección del *Reader's Digest*. Eché un vistazo rápido. La gabardina rosa de Acne no ha visto la luz del día desde 2017. El vestido de Comme des Garçons con el que medio enseño una teta espera en el banquillo hace un lustro. De las faldas plisadas *non si sa niente*.

– Desde el año 2000 la producción de moda se ha duplicado. Antes del cambio de milenio las marcas presentaban dos colecciones anuales (verano e invierno), frente a las cincuenta actuales de las marcas de *fast fashion*. Se calcula que, de seguir este ritmo, el consumo de ropa aumentaría un 60 % para el año 2030. Solo hay un camino sensato posible: reducir drásticamente el volumen. Incluso si toda esa ropa estuviera hecha de tejidos orgánicos y tintes naturales, los efectos en el planeta serían devastadores. No es solo el *cómo*, sino el *cuánto*.

– En Europa, cada persona compra cada año unos cuarenta artículos; vestirá cada pieza una media de diez veces antes de deshacerse de ella. Es una pincelada con brocha gorda (abarca edades, países y rentas muy diferentes), pero sirve para hacerse una idea.

Una imagen deprimente: prendas nuevas que esperan –en tiendas o almacenes– a ser vendidas. Esperan y esperan. En vano. Jamás encontrarán quienes las vistan. Han requerido esfuerzo, sufrimiento, recursos. Para nada. Acabarán incineradas, enterradas o enviadas en fardos a un país lejano que no las quiere, pero cuyo gobierno claudica a cambio de acuerdos económicos ventajosos.

La importancia de las palabras

Por si quedaba alguna duda: hoy en día, el término sostenibilidad no significa *nada*. En el contexto que nos atañe la utilizó por primera vez en 1987 la WCED (World Commission on Environment and Development) en su informe *Our Common Future*. Sostenible, explicaba, es aquello que se puede mantener en el tiempo sin causar daño al medio ambiente ni comprometer a las generaciones futuras. Cada marca se ha hecho suyo el adjetivo a su manera, y hoy es ya tan vago como *ecológico*.

Las regulaciones actuales resultan insuficientes para precisar qué es ético y qué no. Lo sostenible debería ser cuantificable, no una cualidad abstracta. No hay una legislación global exhaustiva que obligue a declarar el dónde y cómo de cada proceso. Dar información detallada es voluntario y queda al albedrío y buena fe de cada marca. A falta de un código común, existen asociaciones (una de las más conocidas es la Ellen MacArthur Foundation) que asesoran a empresas para mejorar sus prácticas.

Las palabras ensalzan o desdeñan, transmiten valores y trazan un camino. Cuando se etiqueta algo como *residuo,* su destino queda lastrado. Se le aplicarán ciertas leyes de tratamiento y eliminación, y pasará a ser algo de segunda categoría. Si ese producto fuese biodegradable podría ser llamado *recurso,* y su vida sería mucho más larga. Todo lo producido regresa a la tierra como alimento o como veneno. Cómo se reciclará algo es una cuestión que debería abordarse en el momento del diseño, antes de su producción.

Si un objeto es catalogado como *excedente* también queda automáticamente degradado, aunque sea el mismo bolso que hace tres meses se vendía por un fortunón. Algunas marcas queman ese *stock* sobrante (alrededor de un 30 % del total producido) para evitar que sea robado o acabe vendiéndose en lugares *equivocados* a bajo precio, algo que degrada su imagen. Esa destrucción se refleja en las cuentas financieras con eufemismos como «deterioro de existencias», justificado por «la obsolescencia o la falta de perspectivas de venta». La quema es una falta de respeto terrible a las personas que fabricaron esos artículos, a los recursos naturales que hicieron falta para crearlos y, en último término, un desdén de la marca hacia sus propios productos. Esa mentalidad avasalladora –me resulta más barato producir de más y luego destruirlo que arriesgarme a vender menos– es el tipo de actitud que arrasa con los recursos naturales.

Tres retos

Había una vez una moda no tan cruel como la de hoy. Como explica la periodista Dana Thomas en *Fashionopolis,* hace décadas «la gente conocía a quienes cortaban y cosían su ropa. Iban a la misma iglesia. O sus hijos iban juntos a la escuela. Debido a la proximidad, los consumidores no podían hacer la vista gorda. Ese ya no es el caso. Nos creemos más igualitarios que nuestros predecesores, pensamos que (...) estamos creando buenos empleos en el otro lado del mundo para los necesitados». Thomas ha visitado esas fábricas y da fe de que no es así.

Hay que sospechar de una industria que desde su invención (con el telar mecánico, hace más de dos siglos) fue un negocio manejado con pocos escrúpulos, sostenido en parte con mano de obra esclava, penitenciaria e infantil.

Imaginemos la producción de moda como una larga cadena. Cada anilla que se aleja de nosotros es más opaca y débil que la anterior. A partir del cuarto eslabón solo vemos niebla espesa. Todo lo feo se nos oculta. Los últimos trabajadores de la cadena tienen un triste superpoder: son los Invisibles de la Industria.

El consumidor no es el único ciego: el 42 % de las empresas no saben dónde ni quién fabrica su ropa.[2] La gran mayoría de las marcas no son propietarias de sus fábricas, y las subcontrataciones dificultan el control de las condiciones de trabajo a lo largo de la cadena de suministro.

---

2. Informe anual *Shaking Sustainability* de la consultora EY y el diario económico *ModaEs* (2019).

Hay un consenso sobre los pilares innegociables de una moda más ética:

– Bienestar social. Los trabajadores deben poder llevar una vida digna, con una labor que favorezca su desarrollo personal y el de su comunidad, con salarios apropiados y condiciones de trabajo seguras y confortables.

– Bienestar animal. Ningún ser vivo debe sufrir maltrato ni abuso.

– Bienestar de la Tierra. Un uso sensato y consciente de los recursos naturales. Reducir y reparar el daño causado en los ecosistemas, y evitar que este aumente.

Las mejores prácticas surgen de empresas con un tamaño pequeño o mediano que combinan tecnología innovadora y buen hacer tradicional (instinto, experiencia y personalidad), emplean materias trazables, apuestan por un diseño circular y evitan despilfarros.

Primer reto: el trabajador

Las marcas reproducen las virtudes y los fallos de las personas que las conforman. Cada empresa se mueve por su propia definición del éxito. Todas necesitan ganar dinero para salir adelante, pero tienen motivaciones distintas. Para unas la prioridad es dar continuidad a un legado familiar. Otras quieren mejorar el lugar donde nacieron. Otras crecer cada año.

Una firma de moda tiene obligaciones explícitas e implícitas. La más evidente es ofrecer el mejor producto posible al cliente. Algo útil, duradero e impecable que haga su vida más interesante. Que le invite a reflexionar y a descubrir. Una prenda que haga aflorar lo más personal del individuo: sus gestos, su alegría, su esencia.

Un diseñador *no* tiene la obligación de dar el precio más barato posible, sino el más honesto. El más responsable para con el planeta y para los trabajadores.

Una marca debe proteger la ilusión de ser digna de perdurar; no por vanidad, sino por devoción al oficio. No basta con hacer ropa bonita, también es necesaria una mirada al mundo en el que uno vive. Sin ese compromiso no se hace moda sino entretenimiento.

Una obligación implícita de la marca es ejemplarizar. Servir de modelo para otros, demostrar que se puede salir adelante siendo honesto. En la moda se premia la intensidad, no la renuncia. Muy pocas marcas practican (por miedo a volverse invisibles) la contención, el mantenerse en una dimensión limitada pero firme.

Para conocer *de verdad* una firma no se fijen solo en su Instagram o sus tiendas. Observen dónde y cómo se hace su producto. Las cadenas de suministro poco claras y con prioridades agresivas –rapidez, cantidad y efectividad al coste mínimo– son, ya se ha dicho, uno de los grandes problemas de la moda. Los fabricantes *oficiales* sí son visibles. Pero como su volumen y su ritmo de trabajo son vertiginosos necesitan subcontratar a terceros. La subcontratación no es la excepción sino la norma, y a menudo implica a más de un partícipe. Es decir, el subcontratado también subcontrata. Todo sucede lejos de cualquier marco legal; es trabajo a corto plazo, a salto de mata y con horas extras. Esa parte del proceso queda fuera del control de la marca. Esta intuye que pueden darse irregularidades, pero se hace un poco la sueca. Al fin y al cabo, está blindada por su contrato oficial y por auditorías que preservan su reputación mientras fallan en su misión de proteger al trabajador.

Una prenda pasa por una media de cien personas desde la materia prima hasta su venta; por eso es tan difícil hacer un seguimiento, y por eso hay esperanza en tecnologías como el *blockchain*. En el primer nivel de logística es donde hay más falta de transparencia, riesgos medioambientales y posible trabajo infantil o forzado. Los sueldos ayudan a entender el brutal margen de beneficio de la industria. En los principales países productores de moda (Bangladesh, Vietnam, Indonesia, India, Laos, Pakistán, Camboya) se cobran entre 100 y 200 dólares mensuales. Únicamente en China, Tailandia y Filipinas los salarios se acercan a los 300 dólares por mes. La situación se repite en estados más prósperos. Hay talleres clandestinos en Prato, Leicester y Manchester, São Paulo, Buenos Aires, Durban o Los Ángeles, a apenas veinte manzanas del edificio del ayuntamiento.

¿Qué cadena de suministro sería la ideal? Una lo más corta posible, con proximidad geográfica, un diálogo directo entre marca y fábrica, y unos valores compartidos. ¿Cómo es la realidad? Talleres *fantasma* que no constan en ningún registro. Fábricas donde lo único en buen estado son las máquinas. No hay salidas de emergencia ni extintores, las ventanas tienen verjas de hierro, las escaleras y puertas suelen estar bloqueadas por bultos y cajas. No hay inspectores de trabajo. La mala ventilación empeora el ruido, el calor y la inhalación de productos químicos. La limpieza de las máquinas se hace con chorro de arena, que provoca silicosis (polvo en los pulmones). Más que fábricas, son jaulas.

Esas estructuras ruinosas ponen en peligro la vida de los trabajadores, con incendios y accidentes frecuentes. Las trabajadoras sufren acoso sexual. Los gerentes despiden a las embarazadas o les niegan el permiso de maternidad. La sindicación está represaliada. Los trabajadores suman todas las horas que pueden, porque el sueldo base no les permite vivir. Da igual que las leyes lo prohíban. *¿Quién* va a estar allí para controlarlo?

En 2013, el hundimiento del edificio Rana Plaza, en Bangladesh, mató a 1.134 personas e hirió a 2.500 más. Es el peor accidente de la era moderna en una fábrica de ropa. Su impacto supuso un antes y un después; a partir de ese año surgieron movimientos globales y campañas para la reforma sistémica de la industria, y más de 200 empresas firmaron un acuerdo para mejorar los estándares de salud y seguridad en los centros de trabajo.

La Organización Internacional del Trabajo señala 30 países (entre ellos Uzbekistán, Brasil, Mali, Azerbaiyán, Paraguay, Turquía o Zambia) donde las manos pequeñas y hábiles de niños y adolescentes trabajan en el textil, sobre todo en el algodón y el cuero. Acusa a otros (Mali, Benín, India, Kazajistán) de trabajo forzado de minorías étnicas, con restricciones a la libertad de movimiento, acoso sexual, maltrato psicológico y violencia. China, siempre a la cabeza del eufemismo, afirma que sus campos de trabajo son (ojo) «escuelas de formación profesional, parte de un esquema masivo y voluntario de alivio de la pobreza». Las jornadas duran doce horas, pero en los picos de trabajo se alargan hasta las dieciocho horas los siete días de la semana.

No todo sucede en las fábricas. Muchos hombres y mujeres se ganan el jornal desde casa. Yo misma lo hago así. Doy vueltas cada media hora, busco respuestas en la nevera, barro un poco. Llevo años mandando textos a una revista y no he visto nunca en persona a mi redactor jefe. Hasta donde yo sé, podría ser una cabeza conectada a unos tubos, como en *Mars Attacks*. La relación se basa en la confianza, la eficacia y el beneficio mutuo. Pero el trabajo en el hogar en los países antes mencionados no se parece en nada a este ideal. Forma parte de la llamada economía informal, un mercado sin regulación ni derechos que sostiene la renta de zonas empobrecidas. En Asia y Latinoamérica puede alcanzar hasta un 60 % del total del sector.[3] Se paga (francamente mal) por artículo, y la fábrica se ahorra los costes que conlleva la ocupación presencial.

Cualquier conversación sobre el porvenir de la moda pasa por proteger a los trabajadores, que siguen viviendo de cheque en cheque. Se reclama a las marcas que firmen contratos para garantizar los sueldos sin interrupciones, estableciendo calendarios sensatos que garanticen el descanso y la seguridad, con planes de transición para que los operarios no tengan que amortiguar las contracciones del sistema, como ocurrió durante la pandemia. Esas grandes firmas incluso podrían dar un paso más, actuando como defensores de los trabajadores y pre-

3. Informe de Women in Informal Employment: Globalizing and Organizing, WIEGO (2019).

sionando con su poder a los gobiernos para que establezcan leyes de protección social.

Segundo reto: los animales

A la industria de la moda le interesan unos trabajadores con poca voz y menos derechos, por eso sus obreros perfectos son los animales. Resignados, mudos y obedientes. Las posiciones ideológicas del sector van desde el cínico «están para servirnos» a quienes abogan por dejarlos totalmente fuera de la cadena de suministro.

En un mundo ideal, una relación muy vigilada pero provechosa podría ser viable. La lana, por ejemplo: ¿no es una maravilla? El problema es la incapacidad del ser humano de honrar lo valioso, sin ningún freno moral a la hora de obtener beneficios. Millones de animales mueren por su piel, su lana, sus plumas o su pelo, obligados a vivir en condiciones de hacinamiento en las que desarrollan heridas y enfermedades. Se los trata como objetos de usar y tirar. Tras una vida de tormentos, cuando ya no se les puede sacar más provecho, se los mata. Con indiferencia. Con impunidad. Y a otra cosa.

Este es uno de esos apartados que necesitaría un libro entero, pero como estoy aquí para servirles, se lo resumo en una línea: el maltrato de la moda a los animales es terrible, tenaz y variadísimo. Tiene muchos matices: sufrimiento estresante, rendimiento agotador, explotación descarada, tortura arbitraria y muerte rutinaria.

Si prefieren vivir en la ignorancia les invito a saltarse las líneas siguientes, aunque lo de *ojos que no ven* me parece una cobardía (que yo he practicado mucho). El *ojos que no ven* ha llevado precisamente a la moda al lugar donde está hoy.

La lana merino, por volumen, se lleva la palma del maltrato. El 88 % de la lana fina mundial viene de Australia, un continente con 74 millones de ovejas merinas. A los esquiladores se les paga por volumen, no por hora, así que tratan al animal sin miramientos. Para evitar un parásito que anida entre los pliegues del pellejo y que haría enfermar a la oveja, los ganaderos efectúan una práctica horrenda llamada *mulesing,* una mutilación –sin anestesia– que arranca trozos de piel. En muchos países (como España) está prohibida, pero si el principal productor lanero mundial lo sigue haciendo, en fin, qué quieren que les diga. La solución: no comprar lana manchada de sangre (hablo en sentido figurado) y adquirir solo la que venga avalada por sellos anticrueldad, como el GOTS o el Responsible Wool Standard. Ante la duda: no comprar *nada* de lana, a no ser que estemos completamente seguros del buen trato al animal.

Otros martirios que tienen lugar cada día en miles de granjas o al aire libre: desplumar gansos y patos vivos para obtener plumón, arrancar la piel de conejos de angora vivos, inflar serpientes vivas bombeándolas con agua para obtener mayores cantidades de piel. Los caimanes se crían abarrotados en tanques de agua fétida. A veces, los trabajadores utilizan un mazo y un cincel para cortar la médula espinal de los cocodrilos, lo que paraliza a los animales para que no ataquen pero no los mata. Se necesitan cuatro cocodrilos para un solo bolso.

Sin ir a lo exótico: la organización PETA (People for the Ethical Treatment of Animals) denuncia el uso de pieles de perro y gato en China. Amañan el etiquetado del producto, porque tienen presente que en muchos países europeos son animales de compañía. Queda claro que hay que fiarse tanto de la composición como de un título universitario que alguien se ha impreso en casa.

En Canadá y Groenlandia se matan cada año –a palos o a tiros– a unas 500.000 focas. Para obtener los capullos de hilo de seda intactos, los gusanos se hierven u hornean. Trampas con mandíbulas de acero capturan a chinchillas, zorros, coyotes, osos, nutrias, martas, zarigüeyas o castores para obtener su pelo. La industria peletera (con China, Finlandia o Dinamarca a la cabeza) está bajo la lupa, y hemos tenido que vivir una pandemia para que las autoridades se den cuenta de la bomba de relojería que es la manipulación tosca de esas vidas animales. Ya que no se hace por compasión (lo que es tristísimo), deberían cerrar por prudencia, como ya ha ocurrido en países como Austria, Francia, Eslovenia, Croacia, Bosnia, Gran Bretaña o Serbia y Macedonia, donde la cría está prohibida.

Comprar cuero perpetúa el sistema de la ganadería industrial y los mataderos, ya que la piel es el coproducto más importante (desde el punto de vista económico) de la industria cárnica. Cabras, cerdos, vacas, canguros, avestruces, caballos. La lista es larga. La mayoría del cuero procede de países donde las leyes de bienestar animal son inexistentes o no se aplican, como India o China.

El colmo es cuando se nos pretende convencer de que usar ese cuero es casi hacer un favor al medioambiente, puesto que esa piel se tiraría de todos modos. Afirmar que el aprovechamiento del cuero es sostenible es como decir que el plástico es una caridad de reciclaje del petróleo. No: el cuero es un bien deseable y rentable por sí mismo. A la industria láctea le interesan las vacas. Innumerables terneros machos recién nacidos son sacrificados porque proporcionan carne y pieles codiciadas. Sin esa venta la industria láctea perdería muchos ingresos. Otro argumento para el rechazo al cuero son las emisiones de carbono del transporte y la contaminación de las toxinas utilizadas en el curtido con cromo. Esta virulencia queda patente en núcleos como Hazaribagh, en India, donde la Organización Mundial de la Salud ha detectado que el 90 % de los trabajadores de las curtidurías muere antes de los cincuenta años.

El investigador José Luis de Vicente describe la ganadería industrial como «una de las grandes plagas morales de nuestra época, una máquina de sufrimiento constante». Lo resume aquel lema animalista: si las paredes de los mataderos fuesen de cristal, todo el mundo sería vegetariano. Existen tantos datos espeluznantes y detalles como quieran, pero creo que ya se ha entendido perfectamente: un producto confeccionado con la materia prima de un animal implica casi siempre un gran dolor innecesario.

Tercer reto: la Tierra

Además de sobre los trabajadores y los animales, los excesos de la moda recaen en dos lugares muy concretos de nuestra casa: los suelos y los océanos. La Corte Penal Internacional está estudiando la incorporación de un nuevo delito, el *ecocidio,* que comprende actividades «de imprudencia temeraria, perpetradas a sabiendas de que causan daños graves, extensos y duraderos en el medioambiente». La salud del hombre y la salud de la Tierra no caminan en paralelo: son la misma cosa. El coste de la avaricia sin control es nuestra propia existencia.

El teñido y el acabado (la fase donde se consigue el aspecto y tacto deseados) son los dos procesos más contaminantes y que más energía requieren en la confección de una prenda.

Debido a la escasa regulación sobre la normativa de aguas residuales, en países como China, Nepal o Bangladesh los vertidos de las fábricas se vuelcan –directamente, sin más, ahí va ese regalito– en ríos y arroyos. Ese engrudo es una mezcla de productos químicos cancerígenos, sales, disolventes y metales pesados. Cuando la superficie del río se espesa y oscurece impide que la luz penetre en el fondo, reduciendo la capacidad de las plantas para realizar la fotosíntesis. Bajan los niveles de oxígeno en el agua y mueren la flora y la fauna acuáticas.

Esas sustancias tóxicas no se evaporan ni desaparecen, solo van de aquí para allá como la falsa *monea*. El agua con productos químicos riega cultivos y asciende así en la cadena alimentaria. Algunas de esas sustancias se acumulan en el cuerpo (¿han visto *Erin Brockovich?*) y aumentan el riesgo de padecer afecciones. A los pescadores de esos ríos se les acaba el sustento. Nadie del vecindario puede emplear esa agua en su día a día. Los trabajadores de las fábricas enferman porque no realizan su trabajo bien equipados; llevan sandalias o van descalzos, no usan guantes ni mascarilla. Poco a poco las tintorerías se están trasladando a zonas industriales con plantas de tratamiento controladas, donde caen multas y el cierre si no se cumple la normativa. Pero, de nuevo, las subcontratas son intrincadas y casi imposibles de controlar. Las manufacturas pequeñas no tienen la formación o el presupuesto necesarios para tratar los derrames o invertir en nuevas tecnologías.

En los países en desarrollo donde se hacen vertidos a la buena de Dios han surgido organizaciones que vigilan estas prácticas (como Partnership for Cleaner Textile), políticas medioambientales (como la Zero Liquid Discharge) y empresas biotecnológicas que trabajan para lograr tintes no tóxicos, como Algalife o Colorifix.

Este ejemplo aparece con frecuencia cuando se habla de maldades *fashion*: producir unos vaqueros –desde hacer crecer el algodón hasta el producto final– requiere unos 8.000 litros de agua, la cantidad que una persona bebe en diez años. Eso para *un* solo par. El asunto de los jeans es especialmente grave, ya que es la prenda más popular del planeta... y también la más contaminante. La ciudad de

Xintang (Guangzhou) se autoproclama la capital mundial del vaquero, con una producción de 800.000 unidades al día. Su río Dong supera (lo midió Greenpeace) 128 veces los límites de cadmio, además de contener mercurio, cromo, plomo y cobre. Se entiende mucho más rápido si buscan fotos: el apocalipsis debe ser algo parecido a eso. Hay marcas (en EE. UU. y Japón, sobre todo) que siguen procesos de producción respetuosos, y empresas como la valenciana Jeanologia, cuya innovación podría suponer una reducción brutal de energía y químicos. Pero de momento son una pequeñísima minoría. De modo que, ante la duda, denim no, gracias.

El impacto de la moda en el medio ambiente no se detiene en el proceso de producción. Los microplásticos que sueltan los tejidos sintéticos al lavarse –ya en nuestra casa– representan el 35 % de la contaminación de los océanos.

Según la ONU, en 2025 dos tercios de la población mundial vivirá bajo condiciones de estrés hídrico. Para que los productores construyan centros eficaces de tratamiento de aguas y empleen tecnologías sin productos químicos, es decir, se lancen a hacer una inversión, las marcas deberían comprometerse a firmar contratos a largo plazo. Una relación duradera y firme con sus proveedores sería ventajosa para todos. La pena es que la moda solo piensa, como mucho, en pasado mañana.

La agricultura industrial es una de las principales causas del cambio climático. La agricultura regenerativa, por el contrario, es un enfoque holístico y resiliente que trabaja adaptándose a la naturaleza en lugar de intentar controlarla. Eso significa renunciar a prácticas como pesticidas, fertilizantes artificiales o el monocultivo, que destruye la biodiversidad. La idea es mezclar diferentes tipos de plantas en un mismo campo, con cultivos de cobertura nutritivos *(guardianes* naturales de las malas hierbas y protectores de la erosión) mezclados con, por ejemplo, algodón. Con esos cultivos secundarios los animales pueden alimentarse y de paso fertilizar los campos con abono. O se pueden vender como una cosecha adicional para complementar los ingresos. Es un resumen muy rudimentario, pero la idea que subyace es la de siempre: recuperar lo lento, lo ancestral y lo simbiótico.

Una única materia –la seda, por ejemplo– bastaría para explicar toda una civilización. Las limitaciones de espacio de este cuaderno obligan a definir a grandes rasgos una taxonomía muy compleja.

Los orígenes más comunes de los textiles son vegetal (lino, yute, cáñamo, kenaf, bambú, loto), mineral (oro, fibra de vidrio), animal (lana, seda, biso, *microsilk)* o químico (poliéster, nailon, rayón).

Me encantaría que la clasificación de las materias primas fuera tan simple como: naturales, buenas. Sintéticas, malas. No es así. Natural no es sinónimo de sostenible, ni sintético de dañino. Lo natural también tiene su lado oscuro: la explotación de la tierra, el ya mencionado daño a los animales, las emisiones de gas metano, la toxicidad de la curtición.

Para elegir el mal menor es crucial conocer el origen de lo que compramos: dónde se cultiva o crea la fibra, cómo se procesa, en qué volumen se produce y cómo se distribuye. A más información, menos margen de *imaginación* para el marketing. Los tejidos por los que se inclina un diseñador dicen mucho de su mar-

ca; son, de hecho, donde más se lee su tempe-
ramento.

Compramos un jersey de lana. ¿Qué por-
centaje de lana tiene la prenda? ¿De qué país
viene la lana? ¿De qué ciudad? ¿De qué granja?
¿De qué raza animal? ¿Es una raza protegida?
¿Cómo se trata al animal en ese proceso?

Lo sé, lo sé. ¿Quién puede investigar todo
eso? Yo misma, periodista, me pierdo en el la-
berinto. Es la marca la que tiene la responsabilidad de informarnos. Es sencillo: como consumidores, podemos y *debemos* preguntar. Si
no nos dan una respuesta fiable, no compremos. El asunto es demasiado importante como
para adquirir gato por liebre.

Podrían pensar que leyendo la etiqueta de la
prenda ya sabemos todo lo necesario, pero las
etiquetas, ya lo hemos dicho, a veces mienten.
El *Made in* solo se refiere al acabado final. La
fiabilidad de la composición la sopesarán mejor si les digo que en 2019 la organización ho-
landesa Circle Economy empleó la tecnología
Fibersort para analizar diez mil prendas y, en
un escandaloso 41 % de los casos, lo escrito no
coincidía con el resultado. Las inexactitudes
más grandes tenían lugar en las prendas multi-
fibras, especialmente en la combinación algo-

dón + poliéster (las dos fibras, por cierto, más usadas en la moda). Que *legalmente* se pueda etiquetar algo como ecológico –por vericuetos ingeniosos y vacíos legales y porcentajes raspados– no significa que podamos suspirar satisfechos con la conciencia de haber comprado bien.

Como clientes, solo tenemos dos herramientas para guiarnos en la procelosa jungla del textil. Una es la confianza que le tengamos a la marca por su reputación y precedentes. La proximidad y la información precisa son un buen síntoma.

La otra son las certificaciones oficiales. Entorpece su fiabilidad el hecho de que existan muchas, cada una centrada en criterios distintos. Las certificaciones son normativas con un reconocimiento internacional que estipulan directrices para las buenas prácticas de las empresas, inspeccionadas periódicamente para comprobar que mantienen los criterios. Lo ideal sería que existiera una legitimación universal estandarizada que agrupase todas las normas, pero no la hay. Su veracidad no es infalible, pero son la solución menos mala.

Si la prenda que compramos lleva alguno de los siguientes sellos (hay muchos más, pero estos son los más comunes), es más probable que la marca siga buenas prácticas: GOTS, Oeko-Tex, NFS, Cradle to Cradle, Sustainable Fiber Alliance, Bluesign, Eco Wool, Global Recycled Standard, PETA-Approved, Regenerative Organic Certification, Ecolabel, Fair Trade, Nest, Fur Free Retailer o WRAP. Dejo para el final The Better Cotton Standard, un gigante con pies de barro que presume de haber conseguido en poco tiempo que el 22 % del algodón mundial sea orgánico, cuando durante décadas no se había logrado pasar de un estable 1 %. Yo no sé mucho de números, pero si el orgánico es un 1 % *real* de la plantación total de algodón en el mundo y muchas empresas enormes presumen de emplearlo en casi toda su ropa..., en fin, las cuentas no salen. No hay orgánico para tanta demanda. En 2020 se denunció que más de 20.000 toneladas de algodón de India habían sido certificadas como orgánicas cuando no lo eran.

Con el riesgo que conlleva la simplificación, enumero a continuación una breve lista de textiles, ordenados de más aconsejable a malo malísimo con cara de grito Munch:

– Bien: fibras recicladas creadas exclusivamente con material de desecho, como el algodón reciclado o el poliéster reciclado. El PET es el tipo de poliéster más común en el textil. Reciclarlo tiene pros (evita que acabe en el océano o el vertedero) y contras (en cada reciclaje mecánico va perdiendo resistencia estructural, necesita tintados intensos, libera microfibras).

– Bien: fibras vegetales con bajo impacto medioambiental. El lino orgánico requiere poca agua y crece incluso en suelos de baja calidad. Es resistente, ligero, envejece de maravilla (de hecho se vuelve cada vez más bonito) y si no se tiñe es totalmente biodegradable. El cáñamo es otro tejido versátil, termorregulador, pide poca agua y fertiliza de forma natural el suelo en el que crece. También podemos comprar prendas hechas con ramio, corcho, bambú (de bosques regulados), hongos, hojas de piña, piel de manzana, cactus nopales, caucho natural...

– Bien: fibras semisintéticas con bajo impacto ambiental. La más habitual es el lyocell, que debe estar producido con eucaliptos de bosques con certificaciones FSC y PEFC.

– Bien: econyl. Un tipo de nailon 100 % regenerado (creado por la empresa Aquafil) hecho con residuos como redes de pesca o alfombras de congresos. Puede reciclarse una y otra vez.

– Bien: fibras de origen animal producidas de forma sostenible y con un trato respetuoso. De oveja, cabra, conejo, alpaca, camello, guanaco, vicuña, yak, buey almizclero, antílope... Ese pelo se puede obtener mediante un proceso llamado esquila o bien con la recogida manual del subpelo que el animal pierde de forma natural. La lana orgánica certificada se relaciona con prácticas milenarias valiosísimas como la trashumancia, un tipo de pastoreo migratorio en peligro de extinción. Cuando hay animales de por medio, no me fío de las certificaciones antes mencionadas; los intereses son demasiado grandes, el riesgo de subcontratas también, y la opacidad es la ley. Por norma general, a más volumen de producción más poco probable es que puedan cuidar al animal como merece. Otra pista: el precio. Sospechemos de lo barato, pero recordemos que lo caro tampoco es garantía de bienestar animal. ¿Cómo decidir? Para saber si una granja es fiable no hay otra que ir caso por caso. Su plataforma de contacto debe explicar todo lo que necesitamos saber. ¿Que una web nos puede engañar, porque al final se trata solo de palabras y fotos? Sin duda, pero el grado de detalle, argumentos y transparencia nos dará pistas de su fiabilidad. Buena señal: la granja se puede visitar, todo ocurre a la vista. Hay nombres y apellidos: el pueblo, el equipo, la familia, la empresa, los dueños, los animales. Sin romanticismos baratos ni cháchara *hippie,* solo información pura y dura. ¿Con qué tipo de peine esquilan? ¿Siguen una política de sacrificio cero? ¿Qué trayectoria y experiencia tienen?

– Mal: algodón. Durante miles de años el algodón fue naturalmente orgánico; sin pesticidas, fertilizantes ni modificaciones genéticas. Eso cambió a partir de 1950, con la llegada de la agricultura industrial. Hoy el algodón orgánico prescinde de productos químicos nocivos, pero sigue siendo un cultivo sediento. Por eso es mejor optar por el reciclado, que ahorra agua y energía. El algodón es la materia no comestible más sembrada del mundo. Cada año se recogen unos 26 millones de toneladas. Los primeros productores mundiales son China e India. El 90 % de los campos de cultivo ocupa menos de dos hectáreas, un tamaño reducido que impide la mecanización y obliga a depender de mano de obra. Los recolectores suelen ser inmigrantes que se desplazan con las estaciones. Consiguen ese empleo a través de intermediarios que les dan un anticipo para cubrir alojamiento y dietas. El trabajador queda atado hasta que devuelve el dinero. La rentabilidad del algodón motivó la creación de semillas transgénicas con reguladores del crecimiento y de herbicidas especiales que arrasan con *todo* excepto con ese algodón concreto. Son pactos entre empresas monstruosas, y los agricultores se ven acorralados en esas dinámicas. En Estados Unidos, el 94 % del algodón está modificado genéticamente.

– Mal: lana merino y otras lanas sin certificar. No solo por el injustificable maltrato animal con la cría intensiva, sino por la emisión de gas metano y el sobrepastoreo (la vegetación no tiene tiempo suficiente para volver a crecer, el suelo se debilita y erosiona). El 30 % de la región de la Patagonia está afectado por la desertificación. La demanda brutal de cachemir ha hecho que Mongolia (segundo productor mundial, por detrás de China) tenga hoy 66 millones de cabezas de ganado. En un país donde la mitad de la población vive de la tierra, el 70 % de su estepa está degradada por el cambio climático y el sobrepastoreo; a diferencia de las ovejas, las cabras de Cachemira se comen las raíces y las flores.

– Mal: otras materias naturales, como el cuero. Su alternativa, el llamado cuero vegano o alter-nappa, no deja de ser poliéster, con toda la contaminación que este implica. La solución podría venir de las pieles artificiales cultivadas en laboratorio, como las fabricadas con hongos.

– Mal: fibras sintéticas. Se empezaron a usar en 1940 y se volvieron imprescindibles para la industria. La principal es el poliéster; el 52 % de las prendas que se producen globalmente tienen esta materia en su etiqueta. Este derivado del petróleo requiere de mucha energía para su producción, libera toxinas, desprende microfibras al lavarse y no es biodegradable. Lo mismo ocurre con el nailon, la licra, las aramidas, las clorofibras... Con mucha frecuencia se mezclan en la prenda con algodón, imposibilitando su reciclaje. Empresas como Worn Again Technologies estudian cómo separar y descontaminar cada componente.

De todos los problemas gordos de la moda, el de la apropiación cultural es el único solucionable con relativa sencillez: se solventa explicando públicamente dónde se inspira uno.

Imaginemos que soy un diseñador falto de ideas. Hay mucho que producir y llega el día en que la imaginación no da más de sí. El robo pasa por cuatro estadios. Uno: encuentro algo (un objeto, una prenda) que me gusta mucho, no me parece que esté muy visto y sirve a mis fines. Lo compro para tener una muestra que copiar. Dos: confecciono una reproducción literal, sin ni siquiera fijarme demasiado en las sutilezas. Tres: no hago constar de dónde he sacado ese diseño tan concreto. Cuatro: gano dinero con él, pero la persona o comunidad de donde saqué esa manifestación cultural no ve un duro de los beneficios.

El proceso subsiguiente también suele seguir un patrón: si la marca tiene mala suerte, sobreviene la queja del plagiado en cuestión, el escándalo y viralización de dimensiones variables, y la nota de prensa más o menos torpe con el consabido: «Pedimos disculpas por el uso involuntario sin el debido crédito a los propietarios culturales de esta forma de vestir, y por la ofensa que esto ha causado.» Es una plantilla que sospecho vendrá preinstalada en la próxima actualización de Word.

Si una marca se informa del contexto de un objeto y lo transforma con ingenio en algo nuevo, lo dota de una nueva capa de significado. Está haciendo lo que se ha hecho desde el origen del mundo: observar y reinterpretar. Si solo le llama la atención su capacidad expresiva («¡Es muy chulo!») y su utilidad potencial, estará siendo no solo miope sino irrespetuosa.

Lo que para una persona es solo un adorno, para un pueblo puede ser un símbolo ancestral. Lo que a un artesano local le lleva un mes, a una máquina le lleva minutos. La moda vende antropología rebautizada como *boho chic, earth, roots, folk, exotic* o cualquier otra etiqueta infecta que aplana siglos de identidad y matices.

Marcas de todo el mundo imitan diseños de creadores independientes y de colectividades con a veces pocos recursos y ningún altavoz, aunque para eso están los justicieros de las redes (como Diet Prada), grupos vociferantes y revanchistas de los que desconfío tanto como de los propios *robaideas*. Esos grupos indígenas piden, cada vez más, explicaciones públicas acerca de por qué demonios se privatiza la propiedad colectiva, y encima sin mencionar su origen. Los abogados explican que es poco probable que las empresas dejen de hacerlo, a no ser que se revise a fondo la legislación sobre propiedad intelectual. Los procedimientos son largos y costosos y los particulares no pueden pagarlos, no saben por dónde empezar. Algunos diseños nativos tienen estatus de protección como valor único, pero se trata de algo simbólico, no legalmente vinculante.

La cultura evoluciona a base de mezclas y yuxtaposiciones, de tender puentes entre civilizaciones y ensanchar los límites, de enriquecer y revivir obras a veces olvidadas. Que me perdonen los historiadores por simplificar. Distingamos entre una influencia bien entendida y un robo a mano armada que calca y silencia y aplasta al original bajo el poderío empresarial. En una era de hipervigilancia y piel fina nunca faltará quien linche y acuse. Es mejor –por pura sensatez– trabajar con honestidad, cooperación y transparencia, en un proceso donde todas las partes ganen.

En los momentos problemáticos se ve de qué pie calza cada uno. No tengo que recordarles qué ocurrió en 2020. Con el confinamiento y las tiendas cerradas todo paró en seco. El apagón de la pandemia demostró que no echamos de menos los objetos sino a las personas. Necesitamos socialización, sencillez, un ritmo sosegado y paralelo a las estaciones del año.

El impacto del brote obligó a ralentizar el ritmo de la moda, a replantear tanto viaje innecesario y tanto desfile absurdo, a cuestionar un sistema que todos daban por bueno. Para algunos se rompió el hechizo. Muchos diseñadores llevaban años queriendo escapar de un sistema de colecciones y ventas tiránico.

Con el parón de la pandemia muchas fábricas dejaron de funcionar. Los creadores tuvieron que recurrir a lo que tenían a mano; en la mayoría de los casos, remanentes y telas sobrantes de colecciones anteriores. En inglés se usa una palabra más gráfica: *deadstock*. Pero de muerto no tiene nada, solo está esperando a ser utilizado. Para los diseñadores solía ser un demérito aprovechar tejidos *antiguos*. Se supone que si no se estimula al público con novedades cada semana se corre el riesgo de perder su atención. Bueno, *ese* tipo de atención no sirve para mucho. Es inconstante, nerviosa y caprichosa. Parece más prudente buscar lealtad y una relación a largo plazo con un comprador maduro y reflexivo.

Me encantaría pensar que ese momento histórico en el que todos prestamos una atención especial supuso el principio del fin de la cultura del exceso frente a lo importante de verdad: la naturaleza, la salud, las relaciones humanas y la calidad. Un hedonismo sabio que desatiende la novedad con el gesto de un brindis. Cuando escribo estas líneas, ya han pasado unos meses y las firmas han vuelto a las andadas. Presentaciones, ferias, exhibiciones de poder. Como clienta me aburren, como ciudadana me desconciertan. La moda es una forma de expresión personal, pero a veces da la sensación de haberse quedado corta en su capacidad de reflejar compromisos y valores profundos.

En 2020, un 38 % del total mundial de los trabajadores textiles perdió su empleo.[4] Las deudas de las empresas de moda a los provee-

4. Workers Rights Consortium (2021).

dores extranjeros sumaron más de 16.000 millones de dólares. La pandemia trajo el movimiento #PayUp, que exigía a las grandes marcas cumplir los compromisos firmados.

Al cierre del año el textil bajó un 25 % de sus ventas en todo el mundo. La situación dejó un doble recordatorio: quien prioriza su propio beneficio te dejará tirado; cuanto más cerca esté el productor, mejor. El futuro en Europa parece ir hacia una manufactura más próxima (Marruecos o Turquía se considera cercano), menos *stock* y peticiones personalizadas, colecciones pequeñas y atemporales. Para un diseñador es un alivio establecer una relación de igual a igual con su fabricante y poder visitar cuando quiera el lugar donde se hace su ropa, sin avisar, sin encontrarse escenas dantescas ni embustes.

Durante la pandemia, la compra de moda *online* aumentó en Europa un 20 %. Es algo que me pasma: el fin del mundo y la gente encaprichándose de sudaderas a quince euros. A mí me pasó lo contrario: me asqueaba comprar. Pensé en las tiendas. En las interesantes. Las echaba de menos. Uno se siente especial en un lugar que encapsula un modo de vivir. Somos la última generación que tendrá las tiendas físicas muy ligadas a recuerdos familiares: el primer encargo infantil, las compras de Navidad, las incursiones con amigas adolescentes, una tarde con los padres, el regalo de cumpleaños. Sobrevivirán y prosperarán los comercios que encarnen el carácter de un barrio y la peculiaridad de una ciudad. Buscaremos una conversación, un aprendizaje, una conexión. Frente a la avidez de un comercio impersonal, el deslumbramiento de un lugar único que te emociona, que eres tú en el pasado y tú en el futuro.

La crisis nos recordó nuestra fragilidad, las grietas de un paradigma. Pero la ropa también tiene una faceta valiosa. Emociona, reivindica, propicia el diálogo, puede ser muy bella. La moda justa propone (lo veremos en la segunda parte) caminos menos transitados: ensalzar lo pequeño, valorar lo que ya tenemos, celebrar la fidelidad a una marca, cuidar y agradecer lo cercano, distinguir cuándo el deseo es ansia y cuándo alegría. Actuar desde nuestra escala, que no por pequeña es intrascendente. Si *moda sostenible* es un concepto demasiado insondable, pensemos en un *armario sostenible* en el que sepamos de dónde viene exactamente cada prenda que poseemos.

Cambiemos las preguntas. Dejemos de pensar en qué nos apetece y en su lugar pensemos: ¿qué me ha sido dado? ¿Qué puedo dar yo a cambio? Y empecemos a contribuir.

Segunda parte
Las propuestas

La sostenibilidad no es una tontería de cuatro inconformistas ni una moda pasajera. Existe desde hace siglos con otros nombres: responsabilidad, moderación, cuidado. Es un pacto entre la calidad y el respeto. La voracidad nerviosa, premiarse con un antojo barato, desechar como si nada: todo eso *sí* es una moda reciente.

No hay una sola manera correcta de ser sostenible, sino diferentes decisiones que encauzan el guardarropa hacia la solidez y lo alejan de la frustración del descarte. Es un cambio en el que se empieza restando poco a poco, como sucede con el flexitarianismo. No supone un sacrificio sino un aligeramiento. Cada paso se centra en algo muy concreto. No solo debemos hacerlo por nosotros, sino para dar ejemplo a los que crecen y nos observan atentamente.

Al principio de este cuaderno explicaba cómo empecé a moldear otra relación con la moda. Hay muchos caminos a la redención, y el mío nació del esnobismo. Mi objetivo no era salvar el planeta, sino evitar un aspecto tan uniforme o dictado por el capricho. No tenía mucha conciencia social. Ahora tampoco tengo tantísima, para qué les voy a engañar. Soy la viva demostración de que se puede vestir de un modo más juicioso aun siendo egoísta e inconstante.

Replantearse el modelo de industria textil que tenemos es replantearse el modelo de sociedad que queremos y, de algún modo, examinar lo peor de nuestra condición: la impaciencia, la envidia, las apariencias. Si en otras épocas ser pobre significaba carecer de un modo de ganarse la vida, hoy este calificativo se refiere, en Occidente, a los consumidores expulsados del mercado. Ante cada tentación es útil preguntarse si nuestra decisión nos acerca al bien común o solo a nuestro placer. Militamos cada día con nuestra cartera.

De cada tres prendas producidas, se vende

solo una. Eso quiere decir que el destino de las otras es vagar por esos mundos de Dios, perdiendo gradualmente su valor y atractivo, encaminadas al vertedero. Por eso la prioridad no es solo reducir las cantidades fabricadas, sino pasar de un planteamiento lineal –donde hay un final y un residuo– a uno circular, donde todo se aprovecha.

La única prenda realmente ecológica es la que no se fabrica. No hace falta comprar más; basta con usar muchos años lo que ya tenemos, redescubriéndolo. La Sustainable Apparel Coalition calcula que con un uso de diez años hemos neutralizado el impacto ecológico de una prenda. Sinceramente, diez años me parece una miseria. Creo que el compromiso con una prenda debe ser como mínimo de veinte.

Si no queda otra que comprar, que sea con prudencia y mirando muy bien a quién, pagando un precio justo a una firma fiable. Preguntándonos si esa prenda soluciona alguna necesidad de nuestro guardarropa; contemplando nuestra indumentaria como una inversión, como una decisión inteligente de nuestra economía.

La buena noticia es que nos habíamos acostumbrado a comprar *tanto* que renunciar en parte a ello ni siquiera es un sacrificio: es pura sensatez. Comprar menos no denota tanto buena voluntad como decencia básica; es el modo más rápido de saber si estamos ante un inconsciente o una persona con los pies en la tierra. Pregunten, pregunten. Puede ser un buen filtro en la primera cita.

–¿Tienes algún hobby?

–Sí, ir de compras a Primark cada fin de semana.

–¿Ah, sí? Voy un momento al lavabo [huye por la puerta de atrás].

Si uno lanza una encuesta informal entre sus amigos, casi nadie sabe muy bien de qué va lo sostenible en la moda. Deciden y compran según si la prenda les gusta y la pueden pagar. Por eso lo ecológico debe ser bonito y deseable: nadie va a renunciar a la calidad o a la estética en favor de un discurso.

La gran tentación es la compra *online:* rápida, limpia, festiva. La elección digital no opone resistencia alguna; al contrario, está diseñada para el exceso. Todo bien facilito y sin fricciones. El cliente que pide varios colores para poder pensárselo (porque al parecer tenemos cuatro años y no podemos decidirnos entre rojo o azul) no es la excepción sino la regla. La marca sabe que si no ofrece devolución gratuita el cliente muchas veces no compra. El coste económico de este servicio (transporte de recogida, almacenamiento, volver a preparar el producto) es un quebradero de cabeza para las marcas y supone un impacto medioambiental absurdo donde los haya: mover cosas que nadie quiere de aquí para allá.

Se devuelve alrededor del 30 % de las prendas que se han comprado *online*. La desesperante aleatoriedad del tallaje no ayuda. Cuando la ropa sale del almacén, raramente vuelve a él. Si el cliente la rechaza se recoloca en una tienda o acaba en un *outlet*. Algunas marcas optan por, directamente, deshacerse del producto. O sea: lo tiran. Así de escandaloso. Desechar les sale más a cuenta que la logística de devolución.

Como sucede muchas veces, los pequeños están dando ejemplo. Las marcas nativas digitales apuestan por colecciones limitadas para reducir riesgos. Creen en producir bajo demanda, en establecer relaciones duraderas con su comunidad, en estar centradas en lo específico, en la transparencia y el respeto. Y se mantienen en una dimensión sensata. No hay por qué crecer porque sí. Buscan un equilibrio que les permita vivir de lo suyo sin que les cueste la salud. Estas firmas independientes han reeducado al cliente en la espera y la ilusión. Los compradores pueden pedir lo que quieran, pero las marcas también tienen el derecho de marcar el ritmo que les dé la gana –a eso ayuda, por supuesto, tener un producto muy deseado.

El marketing de la moda ha ido cambiando sus protagonistas. Al principio, el artículo estuvo en el centro del discurso. Luego fue el espacio, el punto de venta. Después fue el cliente: ¡el cliente es el centro del universo, y siempre tiene la razón! Pues miren: no siempre. Hemos llegado al final del camino, y en el centro solo puede estar lo más obvio: la protección del planeta en que vivimos. Sin planeta, ¡uy!, resulta que no hay ni materias primas, ni tiendas monas con el aire acondicionado a tope, ni quedan humanos capaces de comprar chorradas.

La conciliación entre lo que necesitamos y el uso de los recursos naturales de la Tierra no es una quimera. Pasa por poner en cuestión la validez universal de lo económico a favor de lo simbólico.

Cuidar es subversivo

El respeto y el amor por los objetos se tiene o no se tiene, y nace uno desarraigado o nace cosista. Yo disfruto cuidando. Lo aprendí en casa. Mis padres lo hacían, sobre todo, por pragmatismo. Cuando se compraba algo –muebles, ropa, un radiocasete–, tenía que durar décadas. Aunque se tratase de objetos sin pedigrí, cuanto más los usábamos, más afloraba su encanto.

Se custodiaban las cosas también por solidaridad: si uno rompía algo perjudicaba al de al lado. Una mochila más para mí era un libro menos para mi hermano. La preservación era una metáfora de la gestión de las emociones familiares: reforzar antes de que se rompa, reparar la grieta pequeña (porque la grande cuesta más), preparar para el siguiente paso. Estoy segura de que mis padres nunca se consideraron personas creativas, pero lo eran. Sabían resolver con medios limitados.

Durante la Segunda Guerra Mundial, el Gobierno británico repartió el panfleto *Make Do and Mend,* con ideas para mantener un aspecto elegante en tiempos de racionamiento. En mi infancia, en muchas casas aún había máquina de coser y un costurero desordenado, como centrifugado por un demonio de Tasmania, con botones sueltos y madejas de hilos enredados. Hoy la mayoría de los jóvenes ni se plantean coser. Les parece un retroceso, una perpetuación de los roles de género tradicionales. Lo cierto es que las habilidades siempre juegan a nuestro favor; es útil saber de finanzas, cocina, primeros auxilios, bricolaje, mecánica. El conocimiento es un modo de defensa.

Arreglar la ropa es ir a contracorriente. Interesa que compremos, nos cansemos de ello y volvamos a comprar. Rehabilitar es creer que una economía virtuosa del objeto es posible. Implica autosuficiencia, concentración y paciencia. Si algo requiere nuestro esfuerzo lo valoramos más; conectamos con el capital humano que permitió su creación. Es menos probable que lo consideremos desechable. En la fragilidad del objeto vemos la nuestra.

No es posible remendar mientras miramos el móvil, pero sí conversar. Puede ser una práctica meditativa o participativa, donde se compartan secretos y trucos. El verdadero patrimonio no es el objeto reparado, que también, sino el aprendizaje.

La reparación reta y estimula. Frente a la ejecución incansable de la máquina, la naturaleza poética e impredecible del gesto. No se remienda en línea recta, sino con bifurcaciones, impulsos y descubrimientos. En España existe una tradición costurera (y bordadora) erudita, de mujeres anónimas que creaban maravillas sin que nadie –más que su entorno– lo supiera. Sin prisas, sin presión y sin público. Las *petites mains* de un taller de alta costura elevan esa sabiduría popular a la categoría de arte.

En crear algo desde cero con las propias manos –tejer un jersey, por ejemplo– hay un gozo y un tiempo dilatado. No hay que romantizar lo artesanal (se han creado terrorismos estéticos en su nombre), pero sí podemos idealizar la experiencia autodidacta, que la compra no iguala ni por asomo. Igual que ocurre con las relaciones humanas, solo arreglamos lo que apreciamos.

Busco fotos del trabajo de Celia Pym, una artista textil británica que con su ropa zurcida de un modo aparentemente tosco habla de la relación entre tejido, cuerpo y memoria. Un agujero aparece donde desgastamos, donde está nuestra postura. Los cuerpos dejan huellas en las prendas. En su remiendo etnográfico, Pym medita sobre el paralelismo entre cuidar de un cuerpo y cuidar de una prenda. No parece casual que Pym estudiase Enfermería y sepa una o dos cosas de vulnerabilidad y protección. En 2017 estuvo varios días en el V&A cosiendo prendas de desconocidos. Solo pedía algo a cambio: que aquella persona le explicase la historia de esa pieza, de su deterioro. Al final de la reparación se fotografiaba al dueño, feliz y orgulloso con su prenda renovada.

Como ella, muchas artistas de los años setenta –Jean Cacicedo, Dina Knapp, Janet Lipkin, Joan Ann Jablow– estudiaron los caminos del *wearable art,* atraídas por sus posibilidades escultóricas y expresivas. Los diseños que hoy hacen Chopova Lowena o Nicole McLaughlin son una mezcla de *objets trouvés,* Do It Yourself y *craft* reivindicativo. El *boro* japonés, el *jogakbo* coreano, nuestra almazuela o el *patchwork* son técnicas de reparación que en algunos casos se sofistican y adquieren la etiqueta de arte textil.

La línea *Artisanal* de Martin Margiela nació en los noventa como una oda al objeto cotidiano (espumillón navideño, guantes de béisbol, platos), transformando residuos en alta costura con imaginación y talento. Otra iniciativa que trasciende los prejuicios burgueses y proclama el reciclaje como oficialmente chic es la colección *Upcycled by Miu Miu,* una serie de ochenta prendas anónimas escogidas de tiendas *vintage* y revividas por la *signora* Prada y equipo. El resultado es espectacular. La cifra resulta anecdótica –¿qué son ochenta vestidos dentro de la industria?–, pero su alcance simbólico es enorme.

Cierto: restaurar requiere más paciencia, tiempo y dinero que comprar algo nuevo. No siempre sabemos cómo hacerlo; esa alquimia requiere de materiales difíciles de encontrar, técnicas y herramientas, y un artesano que las domine. No hay protocolos ni manuales, sino experiencia e intuición. ¿Cómo encontrar a esos profesionales? La pérdida progresiva de ciertos oficios y sus conocimientos provoca que muchos objetos queden huérfanos. Se pierden cómos y porqués. Con la desaparición de la excelencia, guardiana de símbolos y secretos, se esfuma parte de nuestra cultura.

La artesanía es uno de los caminos más interesantes de la moda como respuesta al consumo vacío. Es singularidad y humanismo. Sublima los materiales más bellos de la tierra y crea vínculos duraderos. Apela a la responsabilidad cultural de la que hablaba el crítico de arte Sōetsu Yanagi: «Los objetos fabricados sin un criterio ético y estético generan pobreza; aunque sean accesibles, provocan insatisfacción.» Lujo es lo que se puede reparar.

Segundo acto

En apenas tres generaciones ha tenido lugar un cambio de percepción importante: vestir de segunda mano ya no es un estigma ni una extravagancia. Ser el segundo dueño de algo –o el tercero o cuarto– no es nada nuevo en la historia de la humanidad. Ahí están las subastas de antigüedades. En la búsqueda inmobiliaria o automovilística siempre ha sido normalísimo preguntarse: ¿qué elijo, nuevo o usado? Este cambio de mentalidad es estupendo. No importa si se compra algo reluciente, importa comprar *bien*. Explorar ya no implica ser pobre, excéntrico o avaro, sino tener buen ojo y ser espabilado.

En la adolescencia afloró mi alma fenicia y dediqué fines de semana enteros a buscar chollos en tiendas de segunda mano de Barcelona, un máster gratuito en cultura pop. No me dejaba vencer por el desánimo en las pilas con chándales desahuciados y camisas setenteras de tergal, de aquellas que cuando sudas un poco te vetan la entrada a los sitios. Lo relevante era la búsqueda en sí, la curiosidad, entrenar el ojo. Cuando aún no existía internet y uno no podía costearse revistas de importación, en esos túneles del tiempo uno intuía lo que debía aparecer en el *NME* o *The Face*. Camisetas de la NBA y pantalones de béisbol, *memorabilia* de lugares *kitsch* de vacaciones (Benidorm, Florida, las Catskills), cine *indie* y lemas de la contracultura, camisetas de Hüsker Dü y Rat Fink.

Otra cosa son las boutiques de *vintage,* mucho menos comunes, que requieren una economía boyante. Suelen estar ubicadas en grandes ciudades –París, Londres, Los Ángeles, Nueva York– y buenos barrios, porque van asociadas a una vida social intensa. En ellas se encuentran piezas únicas, anónimas o firmadas (Blass, Alaïa, Givenchy, Halston), descartadas por mujeres *bien*. Son el tipo de ropa de coleccionista anhelada por los museos y los estilistas de Hollywood. Es una buena noticia, porque una aparición de Emma Stone vestida de *vintage* logra más por la segunda mano que decenas de artículos en prensa.

En ambos casos (tiendas de segunda mano pop o *vintage* opulento) la dirección de arte juega un papel importantísimo. Esos espacios tienen una intención clara, con una escenografía que evoca e invita. Es una carencia habitual en las cadenas de reciclaje de ropa. Son lugares feísimos, con luz de supermercado, muebles desaparejados y aire deprimente. No hay que ser una lumbrera del marketing para saber que, más allá de lo que se compre, una tienda cuidada y con gracia siempre hará más feliz al cliente. La dejadez alimenta el prejuicio de que la segunda mano es cutre. Para hacer deseable una prenda hay que empezar por presentarla bien al mundo.

Las alumnas aventajadas del mercado de segunda mano han sido las plataformas *online,* nacidas hace apenas veinte años. Tomaron cuatro buenas decisiones: centrar su universo en marcas que fueran un valor seguro, trascender las temporadas (¿a quién le importa de *cuándo* sea un pantalón negro de lana?), permitir pagar a plazos y facilitar al máximo la logística a vendedores y compradores.

Estas webs –Yoox, The RealReal, Vestiaire Collective, Poshmark, Rebelle, Designer Exchange, Tradesy– supieron sacudir la vergüenza absurda que a alguien le pudiera quedar («si vendo mis bolsos buenos pensarán que me he arruinado»), popularizaron la expresión *pre-loved* (más fina que *segunda mano)* y entendieron perfectamente el mecanismo mental de los caprichosos: vende lo que te aburre, y con el dinero que ganas cómpranos más lujo en buen estado. ¡Negocio redondo! Mi preferida es Display Copy, donde además de impecables selecciones temáticas de prendas de otras webs también editan su propia revista, que puede presumir de ser la única publicación del mundo donde no aparece una sola prenda nueva.

Con contenidos temáticos y una identidad definida, estas plataformas funcionan a modo de minitiendas personales para quienes venden, y ofrecen una búsqueda espectacularmente detallada a los que compran. Hay una labor intensa de comisariado que toma forma de línea editorial: las hay de *connaisseur,* de nuevo rico, de pijo clásico. A pesar del orden aparente, en el fondo de esas plataformas subyace el zoco. Uno regatea, argumenta, emplea tácticas torticeras para lograr una rebaja y olisquea el triunfo. Las horas de vuelo en estas webs me han enseñado inutilidades tales como que:

— La mayoría de los clientes quiere marcas o bien rabiosamente de moda en ese momento, o bien clásicas: Gucci, Loewe, Prada, Balenciaga, Chanel. En cambio, si a uno le gustan *outsiders* como María Cornejo, Junya Watanabe o Lemaire seguramente encuentre tesoros languideciendo de aburrimiento. Si no se tiene ni idea de marcas, se puede ir a por el básico sensato, tecleándolo tal cual en el buscador: abrigo azul marino de lana, vestido largo de lino, denim blanco, jersey negro de cuello alto... Un básico no tiene por qué ser una pieza aburrida. Es una prenda versátil con un patronaje perfecto, algo que apetece ponerse cada día. Esas compras pueden requerir cierta inversión, pero si se eligen bien quedarán amortizadas. Una cosa está clara: una buena prenda de segunda mano sigue ganando en calidad por varios cuerpos a una nueva de *fast fashion*.
— En las plataformas de reventa salen de debajo de las piedras expertos bursátiles. Si

compro esta mochila Supreme en un año la revendo por tanto; ese Constance de Hermès valdrá el doble dentro de una década; estas botas de Yeezy en un tiempo igual acaban en el MoMA, sección horrores del diseño, las pillo por si acaso. Son una minoría, pero los especuladores siempre andan al acecho de lo escaso. Me caen fatal y no sienten pasión por nada, solo por el dinero.

– Además de su faceta comercial, estas webs hacen las veces de comunidad, y reúnen a locos de lo minoritario y lo específico: vestidos de caperucita de Bernhard Willhelm, equipamiento militar *vintage,* el Armani de los ochenta, el Helmut Lang de los noventa... Mucha gente no es consciente de lo que vende, lo que desencadena carambolas felices y una justicia poética donde el producto acaba en manos de alguien que lo desea y *entiende* de verdad.

– Es útil llevar apuntadas en el bloc de notas del móvil (o donde quieran, a mano) nuestras medidas (altura, pecho, cintura, culo, pie), porque el mundo del tallaje es una entelequia.

– Antes de internet, muchas prendas y marcas estupendas se perdían para siempre; hoy disfrutan una segunda oportunidad. Estos tiempos antojadizos que vivimos se demuestran en ese 62 % de prendas y accesorios de las webs etiquetados como casi nuevos o nuevos, algunos aún con la etiqueta.

– Aconsejo buscar indistintamente en las secciones de hombre y mujer. El estilo y la categorización por sexos no se llevan bien. Para comprar con gracia es más útil un criterio limpio de convenciones, que preste atención al corte y al tejido.

– Mirada de escáner: el objetivo es detectar en las fotos de los productos agujeros y manchas irreversibles, planchazos mal dados, acabados (la puntada hecha a mano es inconfundible). Ante la duda, mejor preguntar al vendedor. Un buen comprador siempre es un poco pesado.

Las marcas exclusivas, al principio, percibieron este mercado paralelo como una amenaza. Mientras el mercado del lujo de productos seminuevos sube cada año un 12 %, el del lujo a estrenar sube solo un 3 %.[5] Con el tiempo lo entendieron: puede ser un mecanismo de

5. Estudio de Boston Consulting Group (2019).

reclutamiento. Sirve al cliente para familiarizarse con la firma y su calidad sin gastarse una fortuna. Si la calidad le gusta, quizá se anime a comprar uno nuevo la próxima vez. En esta década, los beneficios del sector de segunda mano puede que superen al mercado del lujo,[6] en un cambio de paradigma donde lo *cool* no es estrenar, sino saber encontrar. Una nueva generación de consumidores comprometidos encuentra satisfacción política en este *hackeo* al sistema tradicional.

Con todo, comprar de segunda mano sigue siendo *comprar*. Y acaba produciendo residuos. El criterio que debe prevalecer sigue siendo adquirir lo mínimo, poner en cuarentena el capricho y destinar el presupuesto a la mejor pieza posible.

Cita con el sastre

Si alguna vez han encargado una prenda a medida habrán notado una diferencia notable respecto a la talla normativa: los hombros caen

6. Se calcula que la segunda mano alcanzará los 64.000 millones de dólares en 2024 (informe de GlobalData Retail y thredUP).

donde deben, la cintura no oprime; parecemos más espigados, estamos más guapos. No es un servicio barato, porque requiere de muchas horas de trabajo y un material de primera. A cambio se obtiene una prenda literalmente única en el mundo. Se trata de hacer números y dividir el precio por los años de disfrute. *Siempre* salen las cuentas. Me da igual si suena poco realista; el sastre es un acontecimiento que todo adulto debería disfrutar al menos una vez en la vida. Da una visión privilegiada de cómo toma forma una prenda, del virtuosismo que el ser humano ha logrado en ese campo. Los insolventes pero elegantes jóvenes mods, la boutique de Dapper Dan en el Harlem de los ochenta (que abría las 24 horas) o los *sapeurs* congoleños son demostraciones de ingenio y voluntad para conseguir una apariencia pulcra en circunstancias difíciles.

La sastrería no está limitada a la formalidad de trajes y camisas. Una nueva hornada de diseñadores jóvenes ofrece una tercera vía, más económica, con formularios en línea con instrucciones detalladas para tomar nuestras medidas y especificar detalles como la longitud y preferencia de colores. En una semana (el sastre suele tardar dos meses) llega la prenda.

Si un desembolso así queda fuera del presupuesto, basta con encontrar las manos sabias y el buen ojo de un profesional –a quien podemos llamar sastre, modista o costurera; los matices son infinitos y no caben aquí–. Comprar una prenda de nuestra talla significa, en sentido estricto, que podemos cubrir con más o menos estrecheces nuestro cuerpo con ella. Otra cosa es que nos quede bien. Arreglarse la ropa a medida es una tarea práctica y liberadora. Acabo de hablar de segunda mano. Podemos enamorarnos de tejidos o estampados interesantes, y el patrón o la talla erróneos no debería ser un motivo de descarte. Con el comodín del arreglo uno empieza a mirar cada prenda con otros ojos.

Todo lo producido, todo lo que *ya* está en el mundo, ofrece posibilidades infinitas de transformación. Buscar, modificar y hacer nuestro lo que ya existe es divertido, y supone un corte de mangas a esta economía serializada de opciones predeterminadas.

Adónde va lo que reciclamos

Quizá es un recuerdo alterado, pero no tengo constancia de que en mi niñez se tirase ropa. Todo pasaba de familia a familia o de vecino a vecino, y las pocas prendas sin destino acababan en la iglesia o en la Cruz Roja.

A partir de los ochenta, la ropa desechada pasó de artículo enmarcado en una cadena solidaria local a producto en un mercado globalizado. La indefinición de las leyes, la ausencia de un modelo de gestión, la carencia de cifras fiables y la cantidad de actores implicados (algunos atraídos por el dinero, no la sostenibilidad) hacen que los descartes tengan un destino incierto.

Nos alivia imaginar una segunda vida para la ropa que desechamos; pensar que la vestirá alguien que la necesita, o que el dinero de su venta se destinará a causas sociales. Donar es una buena acción, así nos lo enseñaron nuestros padres. La realidad, por desgracia, no es tan romántica.

Del total de ropa que el primer mundo desecha, un 80 % acaba en otros países: Togo, Ghana, Camerún, India, Benín o Pakistán, todos ellos ya con un superávit de ropa descartada que no solo contamina, sino que impide el desarrollo de la industria y diseño locales.

En el 20 % restante está lo más vistoso (que acaba en las tiendas de segunda mano de nuestras calles), lo que está en peor estado (que se elimina) y los artículos cuya composición permite reciclarlos, un mísero 1 %. Así es: solo un 1 % del total de la ropa que desechamos se transforma de nuevo en prendas de vestir.[7] Muy pocos artículos son diseñados teniendo presente su posible segunda vida; la mezcla de tejidos en la composición, los tintes y fornituras (adornos, botones, cremalleras) los hacen irrecuperables.

Cada español genera de media al año unos diez kilos de desperdicio textil.[8] Las leyes al respecto son una tortura y una maraña endiablada. Pasé una semana leyendo cada tarde sobre ellas y el Plan Estatal Marco de Gestión de Residuos, y al final me quería lanzar desde la azotea. Es necesaria una clasificación diferencial detallada, con una trazabilidad clara desde la salida de casa hasta su destino final. De momento ya hay una fecha en el calendario: 2025. Los países de la UE estarán obligados a establecer una recogida específica de productos textiles de origen doméstico.

El método Marie Kondo es tramposo. Eso de «deshazte de lo que no has vestido en un

7. Informe de PVH Corporate Responsibility (2018).
8. Informe de Asirtex (2019).

año»: mire, señora Kondo, no. Hay un montón de cosas que no me pongo desde hace siglos y que son maravillosas y quiero conservar. El mejor destino de una prenda es aterrizar en una casa donde la quieran, por eso prefiero regalar o intercambiar entre amigos antes que donar. Todos tenemos un amigo enganchado a Wallapop que pondría en venta a su propia abuela; es porque no solo hay placer en comprar, sino también en quitarse cosas de encima. Pero hay que despedirse de lo que no queremos con responsabilidad. Ir silbando feliz hacia el contenedor de ropa (por ignorancia o por inconsciencia) es cínico.

Prêt-à-louer

Si la opción del alquiler de ropa no está entre mis preferidas es porque creo que sigue perpetuando cierta actitud caprichosa de *ahora quiero esto, ahora lo otro,* en contraposición a ese armario escueto y organizado a largo plazo que encuentro tan útil. Alquilar también reafirma la idea de que hay que vestir de cierta manera para triunfar socialmente. Está pensado para personas que no quieren repetir ropa.

Pero ¿qué hay de malo en repetir? Nada más placentero que usar algo de calidad durante años. Es una rebeldía minúscula pero definitiva en estos tiempos: volver una y otra vez a las mismas cosas.

Existen dos tipos de webs: las que agrupan marcas que uno puede alquilar, como My Wardrove HQ, y las que sirven de conectoras entre usuarios, como By Rotation, que funciona como un AirBnb de la ropa. El precio final dependerá de la cuota (por prenda o por tarifa plana), los días que se tenga la ropa y la marca. El algoritmo mejora con cada pedido, y va estrechando el cerco de los gustos del cliente.

Las webs más nuevas, como Onloan o Rotaro, han entendido que no solo se alquila ropa festiva, sino también vestuario para el día a día o para fases de la vida (maternidad, un cambio de talla, una lesión). No sé cómo son sus agendas, pero la mía incluye muy pocas jornadas al año en las que deba vestir de gala, sea lo que sea eso. De hecho, en esas pocas citas –una boda, una fiesta, un compromiso de trabajo– me parece un poco cateto escoger un atuendo llamativo.

El alquiler tiene en su contra dos importantes inconvenientes. Uno es la logística poco engrasada: cargos confusos en la tarjeta, lentitud en la entrega o en la devolución, obligación de retornar todas las prendas en la misma tanda, tallas que difieren, oferta limitada. Se sigue necesitando una logística de transporte y tintorerías que se aleja mucho de lo verde, aunque algunas plataformas (las menos) empleen embalaje reciclado, mensajería sostenible y limpieza con ozono ecológico.

El otro hándicap es la sensación de que el alquiler no enseña a cuidar la prenda. Al contrario, tiene un algo de *todo vale*. Me gustaría saber cómo se trata la ropa, a tenor de lo que detallan las reseñas: manchas de maquillaje, enganchones de uñas, costuras forzadas… Una usuaria explicaba: «La entrepierna del pantalón olía raro.» No pude seguir leyendo.

En una era que prefiere el acceso en contraposición a la propiedad, el mercado mundial de alquiler de ropa alcanzará los 2.080 millones de dólares anuales en 2025.

Mío, mío, mío. Es difícil renunciar al sentido de la posesión. Quizá por eso esas plataformas ofrecen una opción de compra de la prenda por una fracción del precio original.

Lavar menos

Soy una obsesa de la pulcritud. Mientras busco las llaves antes de salir de casa, mi pensamiento desequilibrado es: si muriese atropellada por un trolebús y tuviesen que entrar en mi vivienda los bomberos y mis amigos, ¿la encontrarían limpia?

Como todo estudiante, en su día compartí piso con seres extraños. En los requerimientos previos siempre mencionaban el asunto de la limpieza. Ya en la vivienda, similar a las trincheras húmedas de Vietnam, pensaba: ¿es *este* el estándar de salubridad? Ahí comprendí que lo higiénico es tan subjetivo como las recetas caseras o el encanto de los bailes regionales.

Hay una cantidad horrorosa de información que damos por buena sin cuestionar su lógica. Verbigracia: el lavado de ropa. Nos han dicho que para ser limpios hay que lavarlo *todo* casi a diario. Mentira. No por haber vestido algo ya está instantáneamente sucio. Lo único que hay que enjabonar con gran escrúpulo es lo que dicta la sensatez: la ropa donde ha caído una mancha enorme (las pequeñas se limpian al momento y a mano), la ropa interior, la deportiva, la infantil, la de cama, la blanca. La que está en contacto estrecho con el cuerpo.

Muchas prendas se desechan antes de lo deseado por los daños causados por el lavado excesivo: colores desteñidos, deformaciones o encogimiento. En mi tierna juventud no solo estropeé lo mío, sino que me cargué ropa de mis convivientes, y aún me pesa en el alma. Cuatro motivos para lavar mucho menos: por el ahorro de agua, porque la ropa *no* lo necesita, porque así se mantiene perfecta mucho más tiempo y porque cada lavado esquivado previene que los sintéticos desprendan micropartículas, que se sumarían raudas a las nueve toneladas de plástico que acaban en el océano cada año.

Los tejidos delicados no quieren ver el agua (no digamos por encima de 30º C) ni en pintura, especialmente si tenemos una lavadora no demasiado nueva. El suavizante es el enemigo, la secadora la extremaunción. El jabón también debe ser escogido con cuidado. Muchos contienen irritantes para la piel y fragancias artificiales que actúan como toxinas una vez que se vierten en los cursos de agua.

Existen tejidos técnicos que repelen las manchas. Se estudian revestimientos como el

Polygiene, una cobertura de cloruro de plata que detiene el crecimiento de las bacterias que causan mal olor. Mi método es mucho más rupestre, pero se ha demostrado igual de efectivo: ventilar al aire libre (un aire libre limpio, no tipo Pekín), cepillar, guardar como es debido (con protección antipolillas, fundas adecuadas, oscuridad, perchas robustas). Y algo revolucionario, que nunca creerían, algo que les volará la cabeza: ir con cuidado. Intentar no mancharse, ante todo. En mi caso es muy fácil, porque trabajo sentada en un escritorio, no tengo hijos, no sudo mucho (vestir fibras naturales ayuda), mi actividad física (natación y yoga) no ensucia, visto *oversize* (odio lo ceñido) y en cuanto llego a casa dejo airear todo como si viniera de Chernóbil.

Una mala tintorería puede estropear para siempre prendas únicas; si hay que pasar por ese trance, mejor con una de primera división que certifique la gestión de los residuos producidos por el lavado en seco y emplee hidrocarburos, menos agresivos con el medioambiente.

Lo de no lavar ha resultado ser un secreto que llevábamos con vergüenza y culpa, hasta que gente tan metida en el ajo como la diseñadora Stella McCartney explicó que simplemente «no hace falta». ¡Eso es! Yo lo descubrí con dos prendas concretas. Un jersey grueso de lana, hecho a mano, que compré en Islandia y que me gusta tanto que no me *atreví* a lavar. Ni a mano ni en tintorería. Esperé, fue pasando el tiempo. Tiene quince años y no se ha lavado ni una vez. Sigue perfecto. ¿Creen que estoy cucú? Están en su derecho. La otra prenda: unos 501 que me regaló mi prima, justo cuando había leído que los *jeans* hay que lavarlos cuanto menos mejor. Lo puse a prueba, y así es; una vez cada tres años basta. El denim es el demonio, el Pol Pot de lo textil: la mitad de las microfibras en el océano (y en el agua que bebemos) viene de los vaqueros. Cada vez que se lavan sueltan unas 50.000 partículas.

Esto es una regla de oro en Savile Row, cuna de la sastrería inglesa, y no tienen fama precisamente de cochambrosos: un traje a medida (por extensión, cualquier prenda valiosa) *no* se lava. No se toca. Jamás se viste varios días seguidos; hay que dejar descansar al tejido. Se cepilla y se deja en paz. Recuerden: si no están absolutamente obligados a lavar algo, no lo hagan. Sencillo, ¿no?

Aprender a elegir

Se habla mucho de calidad, pero ¿cómo distinguirla? ¿Bajo qué parámetros? En la escuela, incomprensiblemente, no existe la educación en el consumo razonable. Entender el valor de algo bien hecho es una enseñanza que sirve para todo en la vida, no solo para la ropa.

Aprendemos a base de errores, de perder dinero. Comprar bien es cuestión de cultura y ética. De poner al prójimo por delante de tu capricho. Con el tiempo, distinguimos entre la dirección de arte (el hábil envoltorio, la purpurina) y la prenda en sí (lo que de verdad nos llevamos a casa). El estilo aparece cuando una persona somete la moda a su propia personalidad.

Existen las marcas obsesionadas con la calidad (materias, investigación, durabilidad) y las marcas obsesionadas con estar presentes en la agenda (los personajes, el producto-*hype*, la conversación digital). A estas últimas no les importa tanto saber de tejidos como de *zeitgeist*. Con esa obsesión por el gag, cierto tipo de moda firma su propia sentencia de muerte: siempre habrá alguien más listo, con más seguidores, más capacidad de dar el cante. Frente a eso, un mantra: pagar por la calidad, no por el marketing.

Vestir *por elección* prendas de mala calidad (es diferente si no nos queda otra) acaba afectando a nuestra percepción de la belleza. Las tendencias, lo que se lleva (qué epígrafe absurdo), esconden nuestra diferencia en lugar de resaltarla. La mejor ropa no se guarda para ocasiones especiales; lo importante es precisamente el día a día. Si separamos rutina y excelencia, la sensibilidad estética se oxida.

Uno de los mensajes de la moda sensata es comprar muy poco y elegir con mirada analítica. Si alguien nos pregunta detalles acerca del origen de nuestra ropa, es un orgullo poder explicar una buena historia. Un armario depurado facilita ir hecho un pincel; los desmanes empiezan cuando se tienen muchas opciones. El contraargumento: «Lo de *poco y bueno* es simplista y utópico. Si uno no tiene dinero casi ni para comer no podrá comprar nunca bueno, ni ahorrar para aspirar a ello; menos aún si se tienen hijos.»

Empezando por el final, y siempre en un contexto de primeras necesidades cubiertas. A los niños no les importa vestir de una marca u otra. Podrían (les encantaría) ir por el mundo disfrazados de Spiderman. Los padres deberían ser selectivamente sordos a los caprichos que no aportan. Otra cosa es que el niño quiera vestir con sus locuras, sus inventos; eso sí es una maravilla alentarlo. Pero ¿marcas, logos...? No los volvamos tan tontos como nosotros.

Lo otro. «Mi trabajo no me permite ahorrar.» Soy periodista desde hace veinte años: lo sé todo acerca de vivir con dos chavos. El reto no es ahorrar, sino esquivar los números rojos. A menudo, sin embargo, uno ve los armarios llenos de personas que argumentan así (y sus móviles, y sus coches) y empieza a dudar. ¿Cómo escoger a qué se destina el presupuesto? Se renuncia y se prioriza, y se practica la contención. Fin. «Hay quien apenas puede pagar moda rápida. Pensar lo contrario es esnob.» Al contrario: lo clasista es afirmar que quien tiene un sueldo bajo ha de resignarse a una calidad discutible. Ni siquiera es una cuestión de calidad. La *fast fashion* es resistente y resultona, incluso muy bonita a veces; el problema es que destruye el planeta sin piedad, por mucho que se maquille con palabras.

Cuando no se dispone de muchos medios es cuando hay que avivar la curiosidad y el ingenio, espabilar y, a través de nuestras elecciones, prosperar, ese verbo de nuestros padres. Vestir con corrección abre muchas puertas.

Creemos que por tener poco dinero no tenemos poder de cambio. No es así. Comprar mal es conformarse, es decir: no conozco más, no merezco más. Precisamente porque el dinero cuesta *tanto* de ganar debe uno mirar muy bien a quién se lo da. Si se compra moda barata porque criar a una prole es carísimo pero esa moda destruye el mismo planeta donde vivirán esos hijos..., bueno, está claro que algo falla. ¿Es más fácil comprar moda justa con una renta alta? Obviamente sí. *Todo* es más fácil con una renta alta.

Un guardarropa sensato va ligado a la elección de piezas atemporales que sigan siendo interesantes a lo largo del tiempo. Por eso soy tan defensora de una silueta quizá no *oversize,* pero sí suelta. El cuerpo cambia (vaya si cambia) y lo ajustadísimo tiene fecha de caducidad. Si queremos que todo el mundo pueda optar a lo sostenible, deben existir opciones de patronaje impecable para cuerpos gordos y delgados, además de para todo el espectro de diversidades funcionales.

El objetivo final, lo diré cuantas veces haga falta, es un armario que sea la historia de nuestros afectos, con una colección precisa de prendas de calidad. La durabilidad emocional es proporcional al apego que sintamos. Llevar el jersey que nos hizo nuestra abuela, o una camisa con la que hemos viajado por todo el mundo: ¿cómo poner precio a eso?

Desconfiar

Leo una encuesta que en vez de restituir mi fe en el ser humano me la hace perder en la veracidad de los sondeos. Dice así: «El 73 % de los españoles evita ciertos productos por motivos éticos o de sostenibilidad.»[9] Sin duda, pienso, de ahí las colas en Mercadona y Zara.

Más: «Estas personas que apuestan por un consumo sensibilizado con el comercio local encuentran obstáculos como la falta de información o el precio de los productos.» Qué quieren que les diga: alguien concienciado *de verdad* sabe que la información se la debe buscar uno mismo, como todo lo importante en la vida. Ese cliente infantilizado que espera recibir instrucciones es el consumidor más fácil de

9. Informe de la OCU, *Otro consumo para un futuro mejor* (2019). La muestra recogió las respuestas de 1.284 personas «representativas de la sociedad española», además de grupos de discusión y un sondeo *online*.

engañar del mundo. El que no ponga de su parte va listo.

En cuanto al precio, no sé cómo llamar a ese rasgo de carácter que cree que es posible tener algo bueno, bonito y barato a la vez. ¿Ingenuidad? ¿Inconsciencia? En la moda, lo bien hecho conlleva un precio. *Sin excepción.* Salvo algún rentista apuesto (puede ponerse en contacto con mi editorial), todos somos o hemos sido trabajadores, y entendemos la importancia de unas condiciones salariales dignas.

Para comprar hay que ir lupa en mano. No existe el «elige esto y podrás sentirte totalmente libre de culpa». No hay marcas perfectas, sino marcas más o menos responsables. El 40 % de las promesas medioambientales que las firmas anuncian nunca llegan a cumplirse.[10] Primero deberían hacer efectivos los cambios, y solo después comunicarlos. Si se comprometen a plantar árboles por cada compra pero no pagan bien a sus trabajadores: *greenwashing.* Si solo un 5 % de lo que producen es sostenible: *greenwashing.* Si invierten más en marketing que en mejorar de raíz su compañía: *greenwashing* podrido.

10. The Competition and Markets Authority (2021).

La pandemia puso en evidencia las ventajas de un tejido industrial de proximidad y de proteger los oficios como el legado inmaterial que son. Los países con más tradición intentan amparar esas profesiones con asociaciones. Chanel creó en 2019 Métiers D'Art, una miniciudad de compañías hiperespecializadas. La Michelangelo Foundation preserva la alta artesanía y los valores esenciales del trabajo bien hecho. La tarea juiciosa, autónoma y sabia del trabajador manual, que trabaja de espaldas al reloj, contrasta con la labor uniforme y acelerada del operario de fábrica. El fruto de uno u otro proceso por fuerza ha de ser diferente; en uno se ha volcado energía e identidad; en lo industrial no hay lugar para lo personal.

En 1991, el 56 % de la ropa de Estados Unidos se fabricaba localmente. En 2012 había bajado a un 2 %. Europa, por su parte, ha vivido tres momentos clave de declive textil. El ingreso de España en la CEE en 1986 supuso la concentración de la producción industrial y la pérdida de competitividad de las pequeñas empresas. A partir de los noventa se desarticuló la producción local, en busca de mano de obra más barata en países subdesarrollados. La puntilla y tercer momento decisivo del ocaso textil europeo llegó en 2005, con la liberalización del comercio de productos textiles por la Organización Mundial del Comercio. China, Bangladesh, Pakistán y otros países emergentes mostraron su potencial exportador llenando los mercados occidentales de sus productos. Quedaron muy pocos supervivientes del naufragio. Cada país se ha diferenciado como ha podido. Francia tiene la alta costura, Italia el *prêt-à-porter* y España la *fast fashion* y una tradición artesana de la que presume muy poco y en la que a veces, incluso, el experto hace de consultor oficioso a las marcas para las que trabaja, tal es su conocimiento y buen ojo para el diseño.

La paralización en seco de la producción en la pandemia fue solo un aviso. Es probable, por desgracia, que algo similar vuelva a pasar. Recuperar la industria europea tal como fue un día ya es imposible, pero al menos se puede devolver a las factorías que quedan el estatus que merecen. La visibilidad es respeto. Las fábricas tienen unas credenciales (historia, experiencia, agilidad, ingenio) que deberían ser el orgullo de la industria de la moda. Los clientes deberíamos empezar a admirar al fabricante tanto como al diseñador.

Conclusiones

No hay marca perfecta. No hay materia prima sin su inconveniente. No hay vidas sostenibles impolutas. Priorizar radicalmente nos vuelve lúcidos y despeja el horizonte de opciones. Anteponer la responsabilidad empática al impulso placentero es mucho más reconfortante de lo que parece.

La mayoría de los compradores no ha visitado jamás una fábrica de ropa. La moda llega a nosotros pulida, neutra y barnizada en marketing.

El mundo pide a la moda un cambio ideológico y productivo. La mitad de las empresas del sector son medianas y pequeñas. Algunas se han animado, en un gesto tan informativo como reivindicativo, a desglosar de modo exhaustivo y diáfano el precio de sus productos, para que el cliente entienda por qué algo cuesta lo que cuesta. Merece nuestro respeto un diseñador generoso que encuentra el tiempo y la energía para una conversación educativa con el cliente.

Cuando una marca lo hace bien hay varias maneras de apoyarla, y no todas requieren dinero. Muchas veces no he tenido un duro para comprar prendas que me encantaban, pero he hablado de ese proyecto a todas las personas que he podido. He seguido e interactuado en sus redes sociales. He animado y elogiado al equipo; parecerá una tontería, pero las palabras sinceras de aliento también ayudan. He presentado la marca a otros periodistas y posibles colaboradores. Si la suma era elevada, he preguntado si podía comprar algo pagando a plazos –y llevármelo al final, claro, no tengo tanta cara–. La respuesta siempre ha sido positiva. Con una marca mediana o pequeña se puede hablar con claridad y sinceridad.

No le veo ninguna gracia a dar mi dinero a una mancha informe que muta según los vientos. Una firma sin una huella humana (con sus aciertos y sus fallos) no puede crear una comunidad realmente fiel. Lo explica a la perfección la experta en *branding* Inmaculada Urrea: «La autenticidad es algo precioso que no solo hay que cuidar sino fomentar. No todas las marcas acceden al estatus de auténticas. Ser auténtico es tener un universo propio y vivir en el imaginario colectivo; es tener una historia y respetarla; es cultivar unos valores desde el inicio y trabajar cada día para que sigan vivos. Honrar la herencia, lo que no es incompatible con adaptarse a los tiempos. Pero la esencia debe estar siempre por encima de la modernidad.»

Las mujeres lideran el camino hacia una moda más justa. Livia Firth (una de las pioneras, con su consultora medioambiental Eco-Age), Eva Kruse (Global Fashion Agenda), Amina Razvi (Sustainable Apparel Coalition), Safia Minney (People Tree) o Marie-Claire Daveu (Kering) saben que la transformación real pasa por reducir la escala de todo el sistema, legislar, estandarizar y lograr la circularidad y trazabilidad ayudados por la tecnología. La activista ambiental Joanna Macy se refiere al Gran Cambio *(Great Turning),* la transición de una economía de crecimiento a una sociedad de preservación, un giro que ella considera análogo en importancia a la revolución industrial.

Mis reformistas preferidas son Carry Somers y Orsola de Castro, fundadoras de Fashion Revolution. Su lema es directo y certero: *«Who made my clothes?»* Han logrado reunir a una comunidad importantísima, y su plataforma es el referente para muchas personas que no saben por dónde empezar. Fashion Revolution publica cada año su Fashion Transparency Index, que clasifica las principales casas de moda en función de sus políticas e impactos ambientales y sociales. McKinsey y Business of Fashion también publican anualmente sus rankings, sabedores de que el formato lista despierta curiosidad y morbo. A título estrictamente personal uso una norma muy sencilla. Si eres muy grande es probable que no te compre. Solo por eso: por ser muy grande. La escala es inseparable del impacto, no hay política sostenible que arregle eso.

Preguntemos sin timidez a nuestras firmas preferidas. Comparemos sus ideas y su retórica con su realidad corporativa. Observemos si se involucran en causas abstractas o muy específicas. Examinemos su capacidad de rectificación frente a la crítica. La sostenibilidad no es un asunto estanco de un departamento concreto. Debe estar en el corazón mismo de la marca. Quienes trabajen con tenacidad, buen gusto y honestidad recibirán –tarde o temprano, según cuánto tiempo puedan aguantar la travesía del desierto– una respuesta del cliente. Cuando se crea algo distinto se atrae a personalidades fuertes, y esas son las interesantes.

La ONU tiene en su horizonte la Agenda 2030 para el Desarrollo Sostenible, un plan de acción a favor de la prosperidad del planeta y sus habitantes. Esta llamada comparte objetivos con los de la moda justa: protección de la biodiversidad, producción y consumo responsables, industrialización inclusiva. Las acciones ya las sabemos, ahora falta aplicarlas. ¿Conlleva eso un proceso de educación y un esfuerzo? Sí. La cuestión es: ¿recordamos cómo se hacía aquello de esforzarse?

El decrecimiento no es una opción; simplemente debemos decidir si lo haremos por las buenas o por las malas. O tomamos medidas para anticipar los problemas o miramos hacia otro lado hasta que llegue la realidad y nos ponga de rodillas. En lugar de una esperanza difusa, sintamos la certeza de que todo esfuerzo vale la pena.

No hay término medio; a los consumidores se nos tiene por un rebaño engatusado o por audaces y críticos héroes de la modernidad. En realidad estamos a medio camino. Pueden manipularnos, pero sabemos informarnos.

Como cantaba la rana Gustavo: *It's not easy being green.*

Glosario de términos sospechosos

Armario. Una de mis teorías peregrinas: el orden de nuestro guardarropa es análogo al orden de nuestra vida. El armario ideal es escueto y claro, todo se encuentra rápido y todo está listo para ser vestido (aireado, planchado, sin manchas, sin botones flojos); hay fundas y protecciones, y un *anzuelo* para polillas (tengo un jersey viejísimo de angora que dejo fuera a modo de altar sacrificial, para que vayan a él).

China. No solo quiere abastecer y producir; también quiere estar a la cabeza del diseño. Saben, no son tontos, que esa buena reputación redundará en sus fábricas. Nuestra descreída y prejuiciosa (y envejecida) mirada europea observa el proceso con recelo, como si a ellos les faltase gusto o historia o tradición artesana.

Comité. El Fashion Pact tomó forma en la cumbre del G-7 de 2019, auspiciado por el presidente Macron y el magnate del lujo François-Henri Pinault, a quienes se unieron decenas de marcas para avanzar hacia una moda más sostenible. Resultó una mera declaración de intenciones sin sanciones ni medidas reguladoras vinculantes, sin fechas límite y con la (significativa) ausencia del gigante LVMH de Bernard Arnault, que se excusó diciendo: «*We prefer acts to pacts.*»

Criptomoda. Para muchos, lo más divertido de una prenda no es tenerla sino enseñarla. Y ni siquiera enseñarla en persona sino en foto. Así las cosas, tiene sentido pagar (con dinero de verdad, eso sí) por el uso de un producto virtual digitalizado en 3D y vestido sobre nuestra imagen mediante realidad aumentada o un filtro. Por ejemplo, unas zapatillas de deporte. A diferencia de la cruel realidad, los *non-fungible tokens* (NFT) no se gastan, ni huelen a tigre, ni contaminan al desecharse.

Diálogo. «Queremos dialogar con los clientes», afirman algunas marcas. Por favor, no. Al cliente se le escucha y observa, pero no se le habla. Iniciar un diálogo *siempre* trae problemas. Twitter es un debate incesante, y así les va. Una marca haría bien en aspirar al santo grial, esto es, el cliente exigente y obediente. Ese raro espécimen examina, decide, paga y vuelve periódicamente. Ha dado su confianza y más vale no fastidiarla.

En las redes sociales, el contacto directo y constante con la grosería ha estropeado el radar de muchas marcas, antes felizmente indiferentes a la estupidez y ahora obligadas no solo a escuchar, sino a hacer caso. Nada entristece más que ver a un diseñador con buen juicio bajar la cabeza y decir: vale, haré lo que me pedís. Hay que vender, lo entiendo, pero yo no solo compro un producto, también compro un criterio.

Dólar. Lo que cuesta la lotería de *rasca y gana*. O una hamburguesa. O una revista del corazón de baja estofa. Un dólar al día. Es lo que ganan las mujeres que trabajan desde casa en Pakistán y Bangladesh, según la WIEGO (Women in Informal Employment: Globalizing and Organizing).

Elegancia. Nada que ver con el aspecto, y sí con la educación, el esfuerzo y lo que uno aporte al mundo. Es decir, elegancia es todo aquello que no es visible pero que nos convierte en personas que valen la pena. Imprescindible para vivir en paz en sociedad.

Embajador. Además del empleo que todos quisiéramos tener, sobre todo si nos toca la Polinesia, también designa a una persona afamada contratada por una marca para que se convierta en la encarnación de unos valores y un estilo de vida. Siempre cheque mediante. Tan fiables como una veleta.

Equilibrio. El sociólogo Richard Sennett propone un sencillísimo ejercicio de abstracción: sentirnos invitados de la Tierra, recordar que vivimos de prestado. El extraño se adapta de una manera más respetuosa que quien se siente con derecho de pertenencia.

Esclavismo. Sigue existiendo. Ocurre mucho más cerca de lo que creemos, y toma múltiples formas: trabajo infantil para ayudar con el sueldo en casa, tareas bajo amenazas e intimidación, secuestro del pasaporte, ausencia de contrato, horas extras sin contabilizar, jornadas interminables, préstamos abusivos que atan al trabajador...

Ética. Va siempre acompañada de empatía, reflexión, generosidad, compromiso. Es jugar limpio y hacernos más libres.

Feminismo. ¿Es la moda feminista? Sí, porque ayuda a construir y expresar la propia identidad. No, porque su industria explota sobre todo a mujeres. Sí, porque –como cualquier área del diseño– puede hacer avanzar la sociedad. No, porque nos sexualiza. Sí, porque se enfrenta al *establishment.* No, porque el sistema neutraliza esa protesta empaquetándola, poniéndole un lacito y vendiéndola. (Etcétera.)

Free Trade Zones. Zonas francas con ventajas tributarias en el espacio concreto de un país. Estos parques industriales cuentan con áreas de confección sin infraestructuras habitables para los trabajadores, que sin embargo viven allí. Para hacernos una idea de las dimensiones: solo en Sri Lanka viven en las zonas francas 160.000 obreros. El maltrato físico y verbal es habitual. Se trabaja toda la jornada, sin tiempo de descanso. La edad mínima de contratación es de dieciséis años. Dan ganas de comprarse otra camisetita, ¿verdad?

Green New Deal. Este acuerdo ecológico entre naciones propone descarbonizar completamente la economía en una década, eliminar las subvenciones a combustibles fósiles, invertir masivamente en renovables y transporte público, expandir los bosques, reducir el presupuesto militar... Tan radical como utópico.

Humo. Leído recientemente en etiquetas: *eco friendly, conscious, ecohappy* (lo juro), *committed,* ecoeficiente, *join life,* capitalismo verde, ecoinconformistas. Pero la única realidad es que las empresas de moda siguen produciendo volúmenes estratosféricos de ropa cada día, cada minuto, mientras ustedes leen esto. Pueden y lo hacen.

Incoherencia. Leo esta frase de la directora de Sostenibilidad de una célebre marca de *fast fashion:* «Hacer moda a gran escala y respetar el medio ambiente no tiene por qué ser incompatible.» Señora, tengo noticias para usted.

Köpskam. Vocablo sueco que expresa la vergüenza de comprar ropa sin necesitarla. Si al ir de tiendas uno se siente mal o necesita justificarse, no necesita más pistas.

Macrogranjas. El infierno en la Tierra. Sus valedores defienden que esas instalaciones crean empleo. Incluso argumentan –escuchen, escuchen– que el bienestar animal se controla con tecnologías de reconocimiento facial (¡!). La realidad: daño ambiental, maltrato animal, empleo precario, destrucción de pequeñas empresas, competencia desleal, degradación del medio rural. Indefendibles.

Mega. Ver entrada anterior. Todo lo grande nos ha fallado. Se avanza y mejora localmente, empezando por lo pequeño. Cuanto más coordinados y alineados entre industrias, más posibilidades de éxito.

Mono. Háganse un favor y destierren lo mono de su vestidor (y su vocabulario). Ya vamos teniendo edad para vestir prendas importantes.

Neutralidad de carbono. Se consigue cuando se emite la misma cantidad de CO_2 a la atmósfera que la que se compensa por otra vía, lo que deja un balance cero. Resulta difícil calcular cuánto hay que resarcir, dado que es casi imposible medir de facto las emisiones de carbono creadas al producir algo. La compensación prioriza la disminución de la culpa sobre la reducción del daño real, y recuerda a la antigua práctica de la Iglesia católica de vender indulgencias.

Online. Borren apps tentadoras. El atajo digital no quiere que reflexionemos o dudemos. Compren solo en persona. No decidan ese mismo día, dejen reposar la idea. En el 90 % de los casos el ansia acaba ahí.

Patriarcado. El mismo tipo de individuos toma siempre el mismo tipo de decisiones, impulsado por una única lógica: la del crecimiento y el beneficio.

Precio. Al contrario de lo que se cree, la última razón para adquirir algo. Lo comprado solo porque era muy barato va directo al Rincón del Olvido, junto a la cinta de correr y la licuadora.

Razonable. Así adjetivan las grandes cadenas los tiempos que dan a sus fabricantes: razonables. Estos deben subcontratar por afición, imagino, no por el agobio de los plazos. Otro eufemismo: flexibilidad. Que equivale a:

cumple con los plazos, y del sueldo y las horas ya hablaremos otro día.

Reputación. Cuesta años ganarla, y puede perderse en un resbalón. El comprador, por suerte, cada vez distingue mejor la buena fe de la cara dura.

RAP. Responsabilidad Ampliada del Productor. En un futuro, el fabricante quedará ligado a toda la vida del producto, también cuando este se deseche. O sea: quien contamine, pagará.

RSC. Responsabilidad Social Corporativa, esto es: lavados de imagen más o menos esforzados. Una extensión voluntaria de la implicación social de los organismos y empresas más allá de lo estipulado por la ley, en un momento histórico (¡qué casualidad!) en que la figura del Estado como institución reguladora de bienes, servicios y libertades flojea. La RSC apuesta por que sea el mercado quien ajuste las relaciones entre empresas, sociedad y medioambiente. La *vigilancia* no recaería en las administraciones sino en nosotros, consumidores informados.

Tiempo. La magnitud física más subjetiva del mundo. ¿Cuánto tarda lo nuevo en cansarnos?

Vanidad. Existe una moda a la que podríamos llamar (de forma algo cursi) introvertida. Hay un placer íntimo en escoger algo cuya excelente calidad solo conocemos nosotros.

Vestir bien. No hay una fórmula única. Ayuda conocer el propio cuerpo, ser realista con el tipo de vida que llevamos, tener presente nuestra edad. Elegir las proporciones y siluetas que más nos favorecen; probar sin miedo combinaciones de colores y texturas; rotar la ropa como hacían en *Gosford Park* con las sábanas, para no repetir y obligarnos a redescubrir prendas olvidadas. Pero si alguien les promete muy convencido que les hará vestir bien, huyan en dirección contraria. En el atuendo debe quedar un espacio para la intuición, la imperfección, la excentricidad y la diversión. Basta un poco de sensatez y un espejo de cuerpo entero en casa.

Referencias

Bibliografía:

Bauman, Zygmunt, *Trabajo, consumismo y nuevos pobres,* Gedisa, Barcelona, 2017.

Bedat, Maxine, *Unraveled. The Life and Death of a Garment,* Penguin, Londres, 2020.

Castro, Orsola, *Loved Clothes Last,* Penguin, Londres, 2020.

Chávez, Brenda, *Tu consumo puede cambiar el mundo,* Península, Barcelona, 2017.

Cline, Elizabeth, *Overdressed: The Shockingly High Cost of Cheap Fashion,* Portfolio, Nueva York, 2012.

Han, Byung-Chul, *La desaparición de los rituales,* Herder, Barcelona, 2019.

Hawken, Paul, *Drawdown,* Penguin, Londres, 2017.

HOSKINS, TANSY, *Manual anticapitalista de la moda*, Txalaparta, Tafalla, 1997.

THOMAS, DANA, *Fashionopolis*, Superflua, Barcelona, 2019.

Filmografía:

AKERS, BEN, *Slowing Down Fast Fashion*, 2016.

BRADY, CANDIDA, *Trashed*, 2012.

BUSSIÈRE, ZOÉ DE, *Luxury: Behind the Mirror*, 2019.

DWORSKY, DAVID, y VICTOR KÖHLER, *The Next Black*, 2014.

GUPTA, MEGHNA, *Unravel*, 2012.

JAIN, RAHUL, *Machines*, 2017.

MCILLVRIDE, DAVID, y ROGER WILLIAMS, *RiverBlue*, 2017.

MORGAN, ANDREW, *The True Cost*, 2015.

Webs:

apparelcoalition.org

changingmarkets.org

cleanclothes.org

commonobjective.co

earthlogic.info

ethicalfashioninitiative.org

extinctionrebellion.uk

fashionrevolution.org

freedomfund.org
globaloptimism.com
guiadeartesyoficios.com
ilo.org
iwto.org
oficioyarte.org
onepercentfortheplanet.org
peta.org
ropalimpia.org
sewing.com
slowfactory.foundation
sustainable-fashion.com
thefashionlaw.com
transparencypledge.org
tfrc.org.uk
wfto.com

Índice

Nuevos cuadernos Anagrama